기적(KI-SEKI)
60.25 x 45.25 x 1.25inch
구모하다 종이에 광물성 안료, 수미 잉크, 은, 금, 2014
마코토 후지무라

인간은 하나님의 창조 세계(creation) 안에서 살아가며, 그 창조주를 닮아 문화(culture)를 만들어 낸다. 아이러니하게도 인간은 이 두 가지를 모두 파괴하는 경향이 있다. 이 둘을 돌보지 않는다면, 인간은 인간으로 살아남지 못할 것이다. 그래서 최근 우려와 관심이 높아지고 있는 "창조 세계 돌봄"(creation care)과 함께 문화 돌봄(culture care) 역시 절실하다. 저자는 문화 돌봄에 관련된 내용들을 이 책에서 매우 아름답고 친절하게 다루어 준다. 좁은 의미의 예술가는 물론, 창조주 하나님을 닮아 무엇인가를 만들어 내고 있는 모든 사람, 일상에서 아름다움을 추구하는 모든 사람이 읽고 성찰해야 할 책이다.

김형국 나들목교회네트워크지원센터 대표, 정림건축 CPL

예술가 혹은 예술 관계자라면, '아름다움'이라는 '쓸모없음'이 뜻밖에도 실용성을 강조하는 우리의 삶을 살아 있게 만드는 생명력임을 직관적으로 알 것이다. 회의와 도발, 전위의 현대 미술 한복판에서, 마코토 후지무라는 화가로서 아름다움의 순수성과 씨름했다. 또한 그리스도인으로서 문화가 생성적 현장이 되도록 '돌보아야' 하는 청지기적 소명을 인식하고, '돌봄'을 위한 실천적 대안을 망설임 없이 제안한다. 신앙과 작업, 예술의 현장에서 '영성'과 '아름다움'에 대해 고민하는 그리스도인이라면, 이 책은 생각을 자극하는 기댈 언덕이 될 것이다. 무엇보다 우리 시대의 예술이 교회로부터 '아름다움'으로 이해받지 못하는 때에, 한 그리스도인 예술가가 던진 '예술'과 '아름다움'이라는 주제가 참으로 반갑다.

조소희 시각예술가, 동덕여자대학교 회화과 교수

마코토 후지무라에게 영혼을 깊이 돌보는 것은 삶의 방식이다. 후지무라는 그의 아름다운 그림과 깊이 사유하는 글, 그리고 국립예술위원회나 풀러 신학교의 브렘 센터 같은 단체들에서 발휘하는 폭넓은 리더십을 통해 교회 안팎에서 예술가 및 예술을 사랑하는 사람들을 육성하는 일을 조용하지만 지속적으로 해 오고 있다. 생명수와도 같은 이 책을 통해, 그는 문화의 영혼을 돌봄으로써 하나님께 영광을 돌리도록 돕는 실천 방식을 제시해 준다.
필립 라이큰 휘튼 칼리지 총장

예술가 마코토 후지무라는 풍부하고 고무적인 이 책에서 우리가 공유하는 공동의 문화는 빼앗아야 할 영토가 아니라 재배할 정원이며, 창조성, 공동체, 연결, 아름다움의 발생이라는 영양분이 필요하다고 제안한다. 이는 우리에게 칼을 쳐서 보습을 만들고, 공동 정원을 경작하는 일을 맡으라는 은혜로운 부르심이다.
체리 하더 트리니티 포럼 회장

우리가 살고 싶어 하는 문화는 어떤 것이며, 여기서 거기로 어떻게 갈 수 있는가? 이는 친절과 관대함이 가득한 이 책에서 다루는 핵심 질문이다. 이 책은 상상력을 넘어 발생에 이르게 하며, 행복을 창출하는 데 도움을 주는 방법을 제안하고 예시한다. 악순환과 반대되는, 자비롭고 인도적이며 스스로 강력해지는 순환은 무엇인가? 용어가 필요하다. 이 지혜로운 책을 읽고 서로 나누고 살아 낼 때 얻게 되는 이러한 효과에 우리는 이름을 붙여야 한다.
로버트 슐츠 작가, 예술가, 로어노크 칼리지 영문학 존 P. 피시윅 교수

이 책은 아름답고 강력한 예술 작품이며 문화, 예술, 아름다움, 미학 그 이상으로, 다름 아닌 인간이 된다는 의미에 관한 것이다. 사회 전체가 그러하듯, 우리 모두의 정신은 문화를 목말라한다. 이 책은 그 갈증이 해소되지 않을 때 어떤 일이 일어나는지 강력하게 경고한다. 오늘날 세계의 상황에 비추어 볼 때, 지도자 위치에 있는 모든 사람이 이 책을 여러 번 읽고, 문화를 돌보기 위해 자신이 할 수 있는 일을 숙고해서 적극적으로 행동하기를 바란다.
존 C. 브레이브먼 버크넬 대학교 총장

내 친구 마코 후지무라는 이 세대에서 가장 사려 깊고 섬세한 예술가 중 한 사람이다.

에릭 메택시스 『디트리히 본회퍼』 저자

많은 연민과 용기로, 저자는 우리가 살고 있는 문화의 토양을 돌보고 경작하라는 소명을 진지하게 받아들이기를 요구한다. 그는 문화 돌봄을 불안과 결핍의 일반 문화에 대한 성경적 대안으로 보라고 권한다. 이는 예수님을 따르는 모든 사람들이 복음을 구현하기 위해 길러야 할 자세다.

마르크 라자 디자이너, 벵갈루루 Integrated Arts Movement 공동 창립자

이 책에 담긴 너무나도 귀중한 교훈과 통찰력은 우리 문화와 지역 사회를 개혁하고 갱신하며 희망을 줄 뿐 아니라, 뒤이어 온전함으로 회복시키기 위한 필수 요소다. 저자가 삶에서 포착한 진실로 중요한 것은, 바로 우리의 삶과 공동체의 모든 측면에서 하나님을 영화롭게 하는 것이다.

마이크 브레넌 BB&T 은행 주 대표, 트리니티 포럼 이사

대통령예술인문위원회에서 마코토 후지무라와 함께 일하는 동안 종종 그가 부드럽게 설득하는 것을 보았다. 그의 말에 담긴 통찰과 의미 때문에 나는 그의 말을 기꺼이 듣곤 했다. 이 책도 마찬가지다. 마코의 글을 읽을 때, 나는 그 말들이 내 마음에 지혜의 각인을 남기도록 새겨듣게 된다.

어데어 마고 텍사스 엘패소 Tom Lea Institute 창립자

저자는 예술가에게뿐 아니라 문화 돌봄의 모든 파트너에게 유용한 통찰을 제시한다. 그는 깨어짐을 다루고 여정을 나누기 위한 안전한 공간을 만들며 진실을 말하는 것이 중요하다고 인정하면서, 문화 돌봄에 참여하는 관계적이고 변형 가능한 힘에 대한 올바른 인식을 보여 준다. 독자들이 도전적 주장들에 압도될 수 있지만, 저자는 의미 있는 행동으로 나아가도록 우리를 고무한다. 문화 돌봄에 아주 훌륭하게 기여하는 책이다!

알렉시스 애버네시 풀러 신학교 심리학 교수

어느 날 밤 타이베이에서 이 책을 펴서 읽기 시작하자마자, 이것이 오늘날 예술가들에게 중요하고 필수적인 작품임을 알았다. 읽는 동안 책은 계시의 꽃처럼 계속 열려 있었다. 이 책은 내가 오랫동안 해 오던 일을 '문화 돌봄'으로 정의하도록 도와주었다. 그전에는 내 일에 대해 표현할 단어가 없었다. 또한 나 자신을 예술가로서 다르게 보는 데 도움이 되었다. 『컬처 케어』는 예술가에게 존엄과 목적이라는, 교회와 사회가 결코 주지 않은 것을 제공해 준다. 교회는 결코 예술을 경건한 목적을 가진 합당한 소명으로 인정하지 않았으며, 사회도 완전히 받아들여 주지 않았다. 그래서 나는 항상 '바깥'에서 살고 일해 왔다. 그러나 우리는 혼자가 아니며 우리가 속한 곳에서 옳다!
제임스 일레인 예술가, 큐레이터

마코토 후지무라의 『컬처 케어』는 다양한 문화권을 대하며 매일같이 상업적이고 문화적인 결정에 직면하는 글로벌 비즈니스 리더에게 매우 중요하다. 이 책은 모든 일에서 아름다움을 추구하도록 영감을 주는 알림일 뿐 아니라, 섬기는 리더십에 실질적 도움을 준다.
칼 치엔 제이피모간 북아시아 지역 상임이사, 국제투자금융 책임자

마코토 후지무라의 말과 예술과 삶은 모두 신학과 예술의 공통 근거가 이미지를 품은 인간성이며, 우리의 창조주와 우리 자신의 창조성에 연결되는 것이 문화의 캔버스에 동일하게 속한 색이라는 이해를 전달해 준다. 생명을 주고 인간성을 회복하게 하는 문화 돌봄으로 부르는 그의 요청은 온전하게 되어야만 하는 세상을 향한 우리의 구속적 열망을 불러일으킨다.
맷 허드 *Life with a Capital L* 저자

그리스도인 독자들에게 교훈적이고 격려가 되는 책이다. 이 책은 아름다움이 흥정하거나 이용하는 상품이 아니라는 교훈을 주며, 모든 사람이 베풀 만한 것을 가지고 있다고 격려한다. 예술은 문화 돌봄에 탄탄하게 접근하는 데 필요한 다양한 목소리와 재능과 경험 등을 교회에 제공한다.
Calvin Theological Journal 저스틴 L. 매클렌던

이 책은 오늘날 세계에 신선한 공기를 불어넣는 호흡이다. 후지무라는 주의 깊은 생각, 감사하는 마음, 관대한 영혼으로 세상에서 아름다움을 찾아내고 형성하도록 초대한다.…아름다움을 인식하고 경작하라는 저자의 요구는 아마도 빠르고 유용하며 가장 이득이 되는 것을 우선순위로 추구하는 오늘날의 문화에 대한 가장 심오한 통찰일 것이다.
Christianity Today 제니퍼 크래프트

이 책은 문화의 '영혼'에 참여하는 방식으로 생성적 사고를 적용한다. 저자에 따르면, 문화적 기여가 시간이 지날수록 더 많은 아름다움과 선함과 번영을 식별하고 생산하고 촉진한다면 생성적인 것으로 확인될 수 있다. 저자에게 이는 분명하게 성경적 비전이다. 아름다움은 그리스도 안에서 그 '통합적 전제'가 발견된다. 성경은 인간이 된다는 의미와 인간이 문화적으로 번성한다는 의미를 이해하기 위한 모형이다. 그것은 미래와의 관련 속에서 현재의 의미를 발견하는 메타 서술을 제공한다.…문화 돌봄은 우리의 비전과 일을 그리스도의 비전 및 그분의 일하심과 일치시키는 한 가지 방법이다.
Christian Worldview Journal 스티븐 C. 라이트

아주 잘 읽히고, 시사하는 바가 많고 유용한 아이디어로 가득하며, 창작자든 소비자든 예술과 문화에 관심이 있는 사람이라면 꼭 읽어야 할 책이다.
The Covenanter Witness 데이비드 매케이

후지무라의 비전에는 실체가 있으며, 교회뿐 아니라 우리의 부서진 문화를 개선하고자 하는 누구든 이를 인정하고 고려해야 한다는 것을 인식할 수밖에 없을 것이다. 저자는 이 책이 병들어 빠르게 죽어 가는 문화에 대한 치료로써 예술과 아름다움을 추구하는 훨씬 더 큰 프로젝트의 시작일 뿐이라는 사실을 인정하며 시작한다. 바로 그 때문에 이 책은 예술가와 예술가 아닌 사람 모두에게 중요하다. 화가든 수집가든 작가든 독자든 관계없이 우리 모두에게는 문화 전쟁의 사상자에 대한 책임이 있으므로, 그 결과인 분열을 해결하는 일에 모두가 참여해야 한다.
Englewood Review of Books 더글라스 그레이브스

이 책은 문화 전쟁의 한가운데 있는지 여부에 관계없이 모든 사람이 문화를 육성해야 한다고 설득력 있게 주장한다. 문화를 돌보라는 후지무라의 권고는 궁극적으로 여러 전통들을 가로지르는 예수 그리스도의 복음을 반영하며, 독자들이 다양성을 배양하고 경계선에 있는 예술가들을 위한 공간을 마련하며 장차 우리 뒤에 올 세대인 이방인을 돌보도록 독려한다.

Journal of Religious Leadership 제시카 본 라워

이 책은 아름답게 쓰였으며 강력하게 실증하고 신학적으로 이해하기도 쉽다. 후지무라는 문화에 대한 대화를 하나의 생각에서 삶의 방식으로 바꿔 놓아, 예수가 사람들을 돌보았을 뿐 아니라 그를 따르는 사람들의 문화 및 다른 사람들의 문화 또한 돌보았음을 보여 준다.

Outreach Magazine R. 요크 무어

이웃 그룹을 위한 저자의 제안은 실용적이고 사려 깊고 창의적이다. 그는 문화가 생명을 주는 방향으로 움직이도록 생각하고 논의하며 실천하라고 제안한다.

The Presbyterian Outlook 에밀리 버먼 단드레아

문화는 깨어졌다. 뉴욕의 예술가 마코토 후지무라는 이를 예술가만이 할 수 있는 방식으로 고치고 싶어 한다. 그는 문화를 아름다움과 다시 연결하기 위한 틀로 '문화 돌봄'을 제시한다. 그러나 이 책은 단지 예술가나 예술에 관한 것만이 아니다. 이는 궁극적으로 믿음에 관한 것이다.…책 전체에 걸쳐 후지무라는 심오한 아이디어를 구체화한다. 반드시 읽어야 할 책이다.

Relevant Magazine

컬처 케어

IVP(InterVarsity Press)는
캠퍼스와 세상 속의 하나님 나라 운동을 지향하는
IVF(InterVarsity Christian Fellowship)의 출판부로
생각하는 그리스도인을 위한 문서 운동을 실천합니다.

Originally published by InterVarsity Press
as *Culture Care* by Makoto Fuijmura
ⓒ 2017 by Makoto Fujimura
Translated and printed by permission of InterVarsity Press
P. O. Box 1400, Downers Grove, IL 60515, USA.
www.ivpress.com

"The Last Bouquet" ⓒ 2019 by Makoto Fujimura

Korean Edition ⓒ 2020 by Korea InterVarsity Press
156-10 Donggyo-Ro, Mapo-Gu, Seoul 04031, Republic of Korea.

컬처 케어

공동의 번영을 위한 아름다움의 비전

마코토 후지무라 | 백지윤 옮김

Ivp

주디와 나의 부모님을 포함하여
내 삶에 생성력의 씨앗을 뿌려 준 이들에게 바칩니다.

차 례

서문 _ 마크 래버튼 15
들어가는 말 19

01 생성적이 되는 것에 관하여 22

02 문화 돌봄의 정의 31

03 검은 강, 갈라진 땅 40

04 문화 전쟁에서 공동의 삶으로 53

05 영혼 돌봄 59

06 아름다움은 영혼의 양식 66

07 주변부에서 나오는 리더십 78

08 "그들에게 꿈을 말하세요!" 84

09 주변부의 두 인생 95

10 별이 빛나는 밤, 우리의 소명 105

11 문 열기 115

12 문화의 토양 경작하기 125

13 문화의 하구 136

14 문화 돌봄 관리인 144

15 경영 돌봄 152

16 예술가를 위한 실질적 충고 158

17 불안의 시대에 문화의 토양 기경하기 167

18 새로운 어휘, 새로운 이야기 177

19 만약…? 181

20 마지막 꽃다발 184

필요와 상관없는 후기 186
감사의 말 189
토론 가이드 191
주 208

일러두기

- 인용된 성경 본문은 주로 새번역을 사용하였습니다. 다른 번역본을 사용한 경우에는 괄호 안에 표시하였습니다.
- 본문 안의 각주는 옮긴이나 편집자의 주입니다.
- 이 책의 20장은 원서 출간 이후 저자의 요청에 따라 한국어판에 추가한 것입니다.

서문

마크 래버튼
(풀러 신학교 총장)

아름다우면서도 아프고, 영광스러우면서도 고통스러우며, 번성하면서도 번민하는 세상에서 많은 이들은 묻는다. 소망이 있는가? 소망은 어떤 모습을 하고 있는가? 소망은 어디에 있고, 소망이란 무엇인가?

무엇보다 소망은 현실적이어야 한다. 다시 말해, 소망은 빛을 향하도록 촉구하면서도 가장 어두운 것을 인정할 때에만 소망이 될 수 있다. 깊은 절망에 대해 말만 번지르르하게 하거나 눈을 감아 버리거나 편향적 태도를 보이는 어떤 것도 소망이라 주장할 수 없다. 극심한 악과 상실 앞에 말을 잃어 본 적 없는 소망이라면, 그런 이차원적 소망이 제공하는 것은 생산적이기보다는 물의만 일으키기 쉽다. 현실적인 것은 실용성보다는 진실성과 더 관계있다.

또한 소망이 무르익기 위해서는 종종 시간이 걸린다. 대체로, 빠른 해결책은 오래 지속되어 온 고통의 상대가 되지 못한다. 그 대신 소망이 들려주는 이야기는 종종 예상치 못한 우여곡절, 전진과 빈번한 퇴보를 포함하는 긴 이야기일 때가 많다. 시간은 소망에 대한 위협인 동시에 친구일 수 있다. 예를 들어, 불의는 폭발될 것이 아니라 지루한 과정을 통해 해체되어야만 한다. 그 때문에 자주 울화가 치밀어 오른다 해도, 그게 진실이다. 소망은 한 차례의 조정보다는 치료 계획에 더 가깝다. 다른 말로 하면, 소망이 치유를 향해 움직이는 데는 시간이 걸린다.

 소망은 파열을 일으키고, 지배적인 바람의 방향을 거스르며, 수립된 계획을 방해한다. 즉, 창조성과 진리로써 많은 사람이 가능하거나 바람직하다고 생각하지 않았던 방향으로 밀어붙이는 역류와 같다. 이런 의미에서, 소망은 마치 바랐던 깜짝 선물이 예상 밖의 미풍을 타고 혹은 예기치 못한 누군가의 방문과 함께 도착한 것처럼 보인다.

 소망은 많은 경우 엿보기만 허락하고 전체를 보여 주지 않는다. 필요란 여러 수준과 서로 상이한 차원에서 존재하기 때문에, 진짜 소망은 모든 필요를 동시에 손에 들고 나타날 가능성이 적다. 그리고 소망에 출발점과 결정적 전환점이 있기는 하지만, 대부분의 경우 명확하게 포착하기 어렵다. 누구도 소망을 완전히 이해할 만큼 충분한 비전을 지니지 못했기 때문이다. 심지어 사람들은 그것이 다가오고 있음을 보여 주는 가장 결정적 증거조차 이해하지 못할 때가 많다. 소망과 절망은 서로 가까이 붙어 있고, 그럼에도 소망은 여전히 환상처럼 보일 수 있다.

 마코토 후지무라의 문화 돌봄에 대한 비전은 명확하게 설명되고 매끄럽게 다듬어진 소망과 그 이상의 모든 표지를 담고 있다.

소망에 대한 마코의 증언은 확신에 차 있지만, 그럴싸한 말로 꾸미지 않는다. 자신감에 차 있지만 거만하지 않다. 개인적이지만 사적이지 않다. 이 모든 것이 가능한 이유는 소망에 대한 마코의 비전이 예수 그리스도의 사랑 안에서 모든 실재를 붙들고 계시는 하나님께 초점을 맞추기 때문이다. 그 무엇도 그 누구도 자비하시고 의로우신 하나님의 손길이 미치지 않는 곳에 존재할 수 없다.

하나님, 이 거룩하신 예술가께서는 모든 범위의 창조 세계에 관심을 기울이신다. 하나님은 자유 안에서 그리고 자유를 위하여 창조하셨다. 바로 거기에 우리 인간이 처한 고통스러운 슬픔과 함께 엄청난 기쁨이 나란히 놓여 있다. 문제투성이며 아파하는 우리의 세상은 하나님의 흔적인 선함 및 인간의 흔적인 죄라는 맥락 안에서 참으로 소망하며 고통스러워한다.

문화 돌봄은 모든 인간의 소명에 대해 살펴보는 동시에, 하나님의 이름으로 이웃을 돌보고자 힘쓰는 이들을 향한 특별한 부르심에 관심을 기울인다. 이것은 모든 사람의 일이지만, 대체로는 특히 우리의 아름다움과 괴로움, 열망, 분노, 고통, 그리고 소망의 이야기를 보고 느끼고 구현하는 예술가들의 일이다.

마코가 '경계를 걷는 사람들'(border-stalkers)이라 부르는 예술가들은 가장자리 곧 사회의 주류 주변부에서 살고 일하면서 인간이 처한 상황에 대한 강력한 통찰과 경고, 성찰, 열망을 보여 준다. 그들의 작업은 고난과 소망에 대한 정직하고 용감한 증언으로써 예술의 긴급성을 규명한다. 기독교 신앙에서 기인한 생성적 영향력으로 작업하는 예술가들은, 이러한 중요한 임무에서 정직함과 용기의 원천이 될 수 있다.

문화 돌봄에 대한 마코의 폭넓은 비전은 우리의 상상력을 사로잡고 소망을 자극하며, 하나님의 빛과 사랑의 실재에 의해 새로워진 세계를 향한 열망을 확장시킨다. 이게 바로 오늘날의 맥락 안에서 교회가 해야 할 일이다. 교회당이나 회중의 범위 안팎에서, 문화 돌봄은 우리의 소명이자 임무다.

마코가 풀러 신학교의 예배, 신학, 예술을 위한 브렘 센터(Brehm Center for Worship, Theology, and the Arts)의 디렉터로 담당하는 역할은 하나님 나라의 소명을 위한 국제적 리더를 양성하고자 하는 풀러의 목표 달성을 위해 매우 귀중하고 필요한 선물이다. 그런 변혁을 이루는 사역이 예술 없이 어떻게 시작될 수 있겠는가? 그러한 근본적 확신과 행동하는 창조적 상상력의 실천 없이? 우리 교직원과 졸업생이 그리스도의 이름으로 흩어져 들어가게 될 모든 시간과 장소에서 하나님의 부르심을 살아 내기 위해서는 바로 이런 것들이 필요하다.

문화 돌봄은 어느 시간 어느 장소에서든 신실한 예수님의 제자 됨이 뿜어내는 창의적 결과물이다. 문화 돌봄의 소망은 진짜 소망이란 현실적이고 느리고 파열을 일으키고 제한적이어야 하는 곳에서 태어나는 소망이다. 폭넓고 영감을 주며 겸손하고 담대한 이 비전은 생명을 가져온다. 생명은 원래 그런 것이기 때문이다. 문화 돌봄은 어디에나 필요하다.

들어가는 말

이 책은 예술가를 위해 쓰였지만, 예술가는 다양한 형태로 존재한다. 시각예술가, 음악가, 작가, 배우부터 기업가, 목회자, 전문 경영인에 이르기까지 무언가를 창조하는 일로 부름받은 누구에게든 이 메시지는 울림이 있을 것이다. 이것은 문화적 분열을 느끼는 모든 사람, 특히 이해와 화해, 치유를 위해 경계를 넘으려는 갈망이 있거나 그렇게 할 수 있는 예술적 재능을 가진 이들을 위한 책이다. 이것은 예술을 향한 열정이 있는 모든 사람과 예술 후원가, 그리고 우리 모두가 공유하는 문화가 오늘날 인간의 번영과 앞으로 올 세대의 형성에 얼마나 큰 영향을 끼치는지를 이해하는 창조적 촉매자(creative catalyst)를 위한 책이다.

문화 돌봄(culture care)은 내가 발전시킨 논제이지만 다양한 집단의 문화에서 이미 진행 중인 운동이다. 어떤 의미에서 이 책은 새롭거나 독창적이지 않다. 국제예술운동(International Arts Movement), 후지무라 연구소(Fujimura Institute), 그리고 브렘 센터는 더 거대한 운동의 전체 생태계 중 일부다. 그러나 그러한 인식하에 이 책은 우리 사회의 끔찍한 균열에 정면 대응하여, 우리의 문화에 회복과 장차 이루어질 새 창조의 소망이 있다고 주장한다. 환경을 돌보는 창조 세계 돌봄 운동(creation care movement)이나 정신 건강 및 영적 성장 전문가들이 제공하는 영혼 돌봄(soul care) 개념과 마찬가지로, 문화 돌봄을 다루는 이 책은 균열을 회복하기 위해 필요한 개념적 틀을 세우고 실제적 대응의 출발점을 제시한다. 이 책은 돌봄이 이루어지도록 개개인을 고무하고 더 넓은 범위의 운동에 영향을 주는 동시에, 우리가 거룩하신 예술가와 새 창조를 위한 협동 창조자가 될 수 있게 하기 위해 쓰였다.

『생성적이 되는 것에 관하여: 문화 돌봄 입문서』(*On Becoming Generative: An Introduction to Culture Care*, 약간 수정하여 이 책 1장에 실었다)라는 나의 작은 소책자가 출판된 후로, 문화에 대한 공적 논의가 이미 활발하게 일어났다. 이 책을 쓰는 동안, 나는 버지니아 주립대학교 고등문화연구소에서 미국의 문화 전쟁에 대한 혁신적 연구로 잘 알려진 사회학자 제임스 데이비슨 헌터(James Davison Hunter)를 만났다. 헌터는 우리 사회가 침식성 강한 문화 전쟁에서 벗어나기 위해서는 시(그리고 예술 일반)와 생성적 사고가 대단히 중요함을 지적했고, 문화 돌봄을 향한 이 여정에 확신을 표명했다.

비록 나의 사고와 실천이 기독교적 시각에 근거하고 나는 주로 기독교 공동체 내부의 사람들과 일하지만, 이 주제는 그리스도인에게만 국한되지 않는다. 문화 돌봄의 원리는 보편적으로 수용될 수 있다. 그 원리는 오직 더 넓은 문화에 귀 기울이는 역량을 기르고, 그럼으로써 문화를 쟁취해야 할 영토로 취급하는 대신 사랑하는 마음을 지닌 종이 되는 것에 달려 있다.

어떤 사람들은 내가 기독교적 시각이라고 칭하는 것을 논란의 여지가 있거나 모호하거나 무의미하거나 심지어 불쾌하게 여길 수도 있지만, 나는 감히 이 책이 그렇게 느끼는 사람에게조차 유익할 것이라고 생각한다. 뒤에서 설명하겠지만, 나사렛 예수와 함께 걷는 순례로부터 흘러나온 이 논지는 나를 더 폭넓은 여정으로 이끌었고, '경계를 걷는 사람'으로서의 역할을 발견함으로써 내가 예술 단체와 교회, 다른 기관을 넘나들 수 있게 했다. 진리를 찾고 세상을 다시 아름다움으로 채우고자 갈망하는 모두의 마음에 들리는 이야기를 할 수 있기를 바라면서, 나는 온갖 형태의 사회 기반 구조 주변부에서 이 글을 쓴다.

두 가지의 감사 인사를 하고 싶다. '문화 돌봄'이라는 용어가 나오도록 처음 촉발시킨 사람은 나의 친구이자 편집장인 케일럽 실링(Caleb Seeling)이다. 그는 아스펜 연구소로 가는 구불구불한 길 위의 차 안에서 나에게 이 책을 써 보라고 제안했다. 또한, 많은 관심을 받은 첫 번째 문화 돌봄에 관한 소책자를 최초로 인쇄해 준 웨지우드 서클(Wedgwood Circle)의 마크 로저스(Mark Rodgers)와 에이미 존스(Amy Jones)에게도 감사의 마음을 전한다.

01 생성적이 되는 것에 관하여

우리의 삶 속에 아름다움 가져오기

우리는 신혼 생활을 아주 단출하게 시작했다. 주디와 나는 대학을 졸업하고 1983년 여름에 결혼한 뒤, 주디의 결혼 상담 석사 과정을 위해 코네티컷으로 이사했다. 나는 특수 교육 학교에서 가르치면서 집에서는 그림을 그렸다. 생활비는 넉넉하지 않았고, 한 주를 버티기 위해 음식(수많은 참치 캔!)을 아껴 먹어야 할 때가 많았다.

어느 날 저녁, 나는 작은 아파트에 혼자 앉아 집세와 주말 동안 필요한 것을 사기 위한 돈을 걱정하면서 주디가 돌아오기를 기다리고 있었다. 냉장고는 텅텅 비어 있었고, 남은 돈은 전혀 없었다.

그때 주디가 한 다발의 꽃을 들고 들어왔다. 나는 정말로 화가 났다.

"먹을 것도 없는 마당에 어떻게 꽃을 살 생각을 할 수 있어!" 실망한 내가 이렇게 말했던 기억이 난다.

주디의 반응은 30년 넘게 지난 지금도 내 마음에 새겨져 있다.
"우리의 영혼을 먹이는 것도 필요해."

역설적이게도 나는 예술가였다. 아마도 나는 사람들의 영혼을 먹이는 사람이어야 한다. 그러나 내일에 대한 염려, 어떻게든 생계를 유지해야 한다는 생존에 대한 금욕적 책임감 속에서 나는 예술가로 사는 것에 실패하고 있었다. 집에 꽃다발을 가져온 주디가 바로 예술가였다.

그날 저녁, 혹은 한 달 내내 우리가 결국 무엇을 먹었는지는 기억나지 않는다(아마 참치 캔이었을 것이다). 그러나 그때의 그 꽃다발은 기억한다. 나는 그것을 그림으로도 그렸다.

"우리의 영혼을 먹이는 것도 **필요해.**" 이 말은 오늘도 여전히 나에게 울림을 준다.

여전히 주디가 옳은가? 인간으로서 우리에게는 음식과 거처 이상의 것이 필요한가? 우리 삶에 아름다움이 필요한가? 제한된 자원을 고려할 때, 우리는 어떻게 영혼을 가꾸고 보살펴야 하는가? 그리고 이러한 질문을 더 넓은 문화에 어떻게 적용할 것인가?

나는 예술가이자 국제예술운동 설립자로서 이러한 질문들을 삶으로 추적해 왔다. 그 여정은 단지 내적이거나 나 자신만을 위한 것이 아니었다. 그 여정에는 점점 늘어 가는 국제적인 인적 네트워크가 함께했다. 예술가로 살고 있지 못한 나의 실패를 인정하는 데서 출발하여 이제 예술가이자 아빠, 남편, 지도자로서 나의 인생을 지배하는 많은 원리들이 탄생했다. 내가 생성적 원리라 부르는 것들이다. 주디가 행한 영혼의 돌봄으로부터, 그러한 돌봄을 우리의 가정과 교회 그리고 문화 전반을 위한 비전 안으로 확장시키려는 노력이 꽃을 피웠다. 내가 문화 돌봄이라 부르는 것은 아름다움을 상실한 문화 안으로 꽃다발을 들고 오는 일이다. 즉, 문화를 향한 생성적(generative) 접근이다.

생성력을 향한 예술가의 여정

내게 주어진 일은 종종 불가능해 보였다. 예술가가 어떻게 생계를 책임질 수 있는가? 예술가가 어떻게 가족을 부양할 수 있는가? 예술가가 어떻게 성장해 가는 운동을 뒷받침할 수 있는가? 이러한 도전은 틈만 나면 점점 확장되는 것처럼 보이지만, 내 사고 안에서는 동일한 생성적 원리로 되돌아온다.

이 책을 통해 문화 돌봄에 대한 일련의 글과 대화를 시작하며, 나는 이 일에 예술가, 큐레이터, 비평가, 예술 후원자, 그 밖의 예술 애호가 및 문화계 종사자들의 참여를 요청한다. 앞으로 문화 돌봄에 관한 더 많은 책이 나올 것이고, 또한 문화 돌봄이라는 논지를 신학적으로 뒷받침하는 만들기의 신학(theology of making)에 관한 내 책도 곧 출간될 것이다. 서로 다른 사고방식을 가진 사람들이 대화의 윤곽을 잡도록 돕고자, 주디의 행동이 촉발시켰고 생성적 사고에 대한 나의 접근법을 특징짓는 G로 시작하는 세 개념을 간략하게 살펴보며 시작하려고 한다.

· 발생적 순간(genesis moments)

- 관대함(generosity)
- 세대를 아우르는 사고(generational thinking)

다음 장에서는 진행되는 대화의 틀을 형성하고 이를 촉진하기 위해 '생성적'과 '문화 돌봄'이라는 용어에 대한 보다 공식적인 정의와 더불어 이 세 요소를 함께 사용할 것이다.

◇ ◇ ◇

집에 꽃다발을 가져온 행동은 나를 위한 **발생적 순간**을 만들어 냈다. 주디의 작은 행동은 나의 영혼을 먹여 주었다. 예술가로서 나의 신념을 새롭게 했다. 새로운 관점을 열어 주었다. 진정한 영혼의 예술가가 되려는 노력에 의식적으로 초점을 맞추도록 도전했다. 그 순간은 그 후 여러 해를 지나며 더 많은 발생적 순간들을 낳았고, 내 삶을 재정립하고 나 자신과 가족, 공동체에게 영감을 준 크고 작은 결정에 기여했다.

이와 같은 발생적 순간들은 창세기 시작 부분에 나오는 위대한 이야기의 구성 요소인 창조성, 성장, 실패를 내포한다. 그 가운데 두 요소는 예술과 문화에 관한 논의에서 자주 등장한다. 하나님은 창조하시고, 피조물을 향해 번성하라고 명령하신다. 아담은 피조물에 이름을 붙이며 창조성을 발휘한다. 그러나 또한 그 이야기는 실패와 유한성에 부딪힌다.

내가 예술가로서 생각하고 행동하는 데서 실패했듯이, 생성적 사고는 종종 실패에서 출발한다. 나는 실패와 비극, 실망을 통해 뭔가 깨어나는 것을 발견했다. 그곳이 배움과 잠재적 창조성의 장소다. 그런 순간에 절망하고 부인하며 길을 잃어버릴 수도 있고, 실패를 인식하고 새로운 소망을 향해 달려갈 수도 있다.

발생적 순간을 깨닫기 위한 열쇠는 모든 순간을 새롭게 여기는 것이다. 연약하고 취약해진 순간에 발휘된 창조성은 실패를 지속적 대화로 바꿀 수 있고, 영감과 성육신에 대한 새로운 전망을 열어 준다. 주디가 한 일을 기억하고, 그 일에 대해 다른 사람들과 나누고, 그러한 돌봄을 가치 있게 여기는 것은 모두 생성적이다. 이를 통해 그 행동이 귀하게 여겨지고 다른 사람과의 접점이 생기며, 그렇지 않았다면 존재하지 않았을 생각과 행동, 작품 및 관계의 탄생으로 이어지기 때문이다.

◇ ◇ ◇

꽃다발은 **관대함**의 상징이기도 하다. 그 순간만큼은 나보다 더 관대했던 주디의 마음은, 나의 초점을 그토록 좁히던 매일의 걱정거리보다 아름다움을 더 가치 있게 여겼다. 생성적 사고는 관대함에서 동력을 얻는데, 생성적이기 위해서는 생존과 유용성을 앞세우는 사고방식과 자주 맞서 싸워야 하기 때문이다. 생존의 사고방식이 지배하는 사회에서 관대함이 지닌 의외성은 우리 마음을 새롭게 하는 맥락을 창조할 수 있다. 관대함과의 조우는, 삶은 그것을 상품이나 거래로 축소시키려는 우리의 시도를 덮어 버릴 만큼 언제나 풍성히 흘러넘친다는 것을 일깨워 준다. 삶은 선물이기 때문이다. 삶과 아름다움은 가장 좋은 의미에서 공짜다.

주디의 꽃다발은 내가 살면서 경험한 수많은 관대함 가운데 하나다. 내가 예술가가 될 수 있었던 것은 부분적으로 부모님의 관대함과 격려 덕분이었다. 아버지와 어머니 모두 내가 예술가의 길을 걷고자 할 때 응원해 주셨다. 아시아계 가정에서는 대단히 드문 일이다. 음악, 회화, 글쓰기, 창조는 언제나 내 삶의 일부였다. 나는 이를 당연하게 여겼고 어느 가정이든 창조성을 육성하는 환경일 거라고 생각했다. 내가 특이한 경우임을 알게 된 것은 중학교에 진학해서였다! 창조적 성장을 지원하지 않는 문화에서 창조성을 위한 내 나름의 시간을 어떻게든 지켜 내야 함을 깨닫기 시작한 것 역시 그 무렵이었다.

예술가는 관대함과 공감을 발전시키고 공유하는 일, 풍성함과 연결성을 주목하게 하는 일에 심오한 능력을 지녔다. 우리는 새로운 관객과 소통하기 위해 노력하거나 사람들이 다른 방식으로는 명확하게 설명할 수 없는 것을 표현하도록 도울 때, 혹은 허공에 유의미한 뭔가를 외칠 때 관대함을 배운다. 시인 에밀리 디킨슨처럼, 혼자만의 길을 걷는 예술가라 할지라도 독자, 자연, 하나님 등 다른 누군가와 소통하거나 교감하는 감각을 발전시킬 수 있고, 그럼으로써 세상 안으로 아름다움을 가져오는 중요한 생성적 능력을 강화할 수 있다. 예술과의 조우는 생성적 사고로 이어질 수 있는데, 이는 관대함이 보상을 바라는 우리의 기대를 대신하기 때문이다. (과학적 발견 역시 과학자들 간의 공유된 정보라는 관대함과 관련이 있다.) 관대함의 영향은 감사하는 마음에서 출발하여 예측할 수 없는 곳으로 이어진다.

◇ ◇ ◇

주디의 단순한 행동과 예술 안에서의 나의 삶을 숙고하면서,

나는 진정으로 생성적인 것은 고립되어 있지 않음을 점점 더 확신하게 되었다. 생성적 가치들은 우리의 부모님과 선조로부터 우리에게 선물로 주어진다. 그리고 과거와의 대화 안에서, 또한 수많은 미래 세대의 가치를 일구기 위해 말하고 창작하는 의도성 안에서 자란다. 생성적 사고는 **세대를 아우르는 사고를** 요구한다.

문화 형성은 세대에 걸쳐 이루어진다. 하룻밤 사이에 탄생하는 게 아니다. 생성적 사고는 분기나 계절 혹은 유행 대신 수 세기, 수천 년에 걸쳐 표현되는 문화적 비전 안에서 작업하도록 우리를 고무한다. 예술을 하는 사람들은 미래를 형성해 갈 때, 즉 새로운 세대에게도 말을 건넬 수 있는 영속적 본질을 지닌 작품을 생산하려 할 때 과거 예술가들과의 대화 안에서 작업한다.

나는 주디의 부모님과 가족에게서 조건 없는 행위의 훌륭한 본을 보았다. 내 부모님의 관대함은 인식하지 못할 때가 많았지만, 적어도 나는 회개의 필요성을 받아들일 줄은 안다! 특히 내 아버지의 관대함은 아버지가 기대하거나 심지어 인식하지도 못한 세계에 큰 복을 가져다주었다. 그 모든 것은 예술과 음악에 대한 아버지의 사랑에 기인했다. 주디의 부모님과 내 부모님의 그러한 행동은 이제 기대하지 못했던 방식으로, 특히 아름다움을 아주 가치 있게 여기고 관대함의 본을 보일 줄 아는 우리의 창조적인 자녀들의 삶 속에 그대로 반영되고 있다.

심지어 **생성적**이라는 용어조차 나에게는 선물이다. 나의 아버지 오사무 후지무라(Osamu Fujimura)는 음성학 연구의 선구자다. 내가 보스턴에서 태어난 것은 아버지가 MIT에서 놈 촘스키(Noam

Chomsky)와 함께 박사 후 과정 연구를 하고 있었기 때문이다. 최근 국제예술운동이 개최하는 한 학회에 아버지를 초대했다. 내가 기조 강연을 하기로 예정된 트리베카 공연 센터로 함께 걸어가던 중, 아버지는 강연 주제를 물으셨다. 강연 제목이 "생성적 문화에 관하여"라고 말씀드렸더니, 아버지는 이렇게 반응하셨다. "흥미롭구나…. *생성적*이라는 단어 말이야… 내 논문의 주제였단다."

나는 알고 있었다. 심지어 그 논문을 읽은 적도 있었다. 그러나 어떤 이유에선지 그러한 영향 관계에 그다지 주의를 기울이지 않았고, 나의 주제를 아버지의 평생의 연구와 연결하지도 못했다! 아버지는 촘스키의 생성 문법 이론을 일본에 소개하는 데 중요한 역할을 하셨다. 나는 이러한 재발견에 감사했고, 강연에서 나의 생각이 아버지의 영향에서 기원했음을 적절히 소명하면서 나의 생성적 사고를 전개할 수 있었다.

우리의 삶은 이전 세대가 닦아 놓은 길에 의해 안내되고 제한된다. 내가 아버지가 개척한 길을 뒤쫓았듯, 때로 우리는 그 길을 따라 걸을 수 있다. 종종 그 길은 깨닫지 못하는 사이에 우리를 형성한다. 우리의 부모님으로부터 받은 유산에 관해 참인 것은 우리의 공동체, 민족, 나라의 역사에 관해서도 참이다. 우리는 겹겹이 쌓인 이전 세대들의 경험과 인성과 업적에 영향을 받는다. 문화의 역사는 우리가 인식할 수 있는, 때로는 인정할 수 있는 것을 훨씬 뛰어넘어 우리에게 영향을 미친다.

생성적 원리는 창조성을 향한 세대를 아우르는 복에서 흘러나온다. 그러나 아내와 나의 부모님들이 보여 주신 긍정적 사례는 아주 희귀한 경우다. 많은 사람들이 뒤를 돌아보며 발견하는 것은 세대를 아우르는 복이라기보다 저주처럼 보일 수 있다. 나는 국제예술운동을 시작했고, 모든 사람에게 창조적 성장을 위한 양육 공간이 필요하다는 확신 속에서 예술을 옹호하는 일을 계속하고 있다. 관대함의 행위는 심지어 세대 간의 실패에서도 발생적 순간을 위한 영감을 줄 수 있다.

◇ ◇ ◇

이 책은 문화 돌봄에 관한 시리즈의 첫 번째이며, 이런저런 다른 생성적 원리들로 확장되고 여러 사례에 적용될 것이다. 대화를 이끌어 냄으로써 생성적 삶에 헌신하는 사람들의 공동체를 형성하는 것이 나의 소망이다. 이 일은 그 자체가 목적이 아니라 더 높은 선에 기여하기 위함이라는 점이 강조되어야 할 것이다. 생성적인 길은 인생의 모든 면에서 풍부한 지혜, 인내, 보편적 창조성을 낳을 것이다. 그 길은 문화의 번영과 인간의 번영으로 이어질 것이다.

02 문화 돌봄의 정의

문화 돌봄은 우리 문화의 '영혼'을 위해 돌봄을 제공하는 것, 곧 문화라는 집에 꽃다발을 들고 옴으로써 생존이 위협받는 가장 혹독한 환경에서도 일시적이건 지속적이건 아름다움을 상기시키는 표지들이 존재할 수 있게 하는 것이다. 우리는 꽃을 가꾸고 기를 때와 동일한 방식으로 이러한 아름다움의 표지를 일구는 법을 배울 필요가 있는지 모른다. 문화 돌봄은 아름다움을 문화의 생태계 안에서 활기를 되살리는 씨앗으로 회복시킨다. 그러한 돌봄은 생성적이다. 즉, 잘 양육된 문화는 사람과 창조성이 번성하는 환경이 된다.

이 지점에서 생각을 종합해 보면 핵심 용어의 기본 정의를 내리는 데 도움이 될 것이다. 가장 기초적 수준에서 우리는 생산적인 어떤 것, 즉 새 생명의 기원이 되거나 자손을 낳거나(식물이나 동물처럼) 새 기관을 발생시키는(줄기세포처럼) 것을 **생성적**이라고 부른다. 우리가 생성적일 때, 우리는 새롭고 생명을 주는 무언가를 탄생시키기 위해 창조성을 활용한다.

생성력에 접근하는 또 다른 방법은 그 그림자인 **쇠퇴**(degenerate), 즉 선하거나 바람직한 자질의 상실[이 용어는 세대(generation)에 대해 말할 때에도 빈번하게 사용된다]을 생각해 보는 것이다. 생성적인 것은 저하시키고 제한하는 것과는 정반대다. 그것은 건설적이고 포괄적이고 긍정적이며, 결핍의 사고방식을 뛰어넘어 자라난다.

촘스키의 '생성 문법'의 초기 정의 중 하나는 한 언어에서 문법에 맞는 문장들을 창조하거나 생성할 때 사용할 수 있는 일군의 규칙과 관련이 있다.[1] 나의 아버지가 음성학 연구에서 했던 것처럼, 촘스키는 인간의 언어에서 보편적 생성 법칙, 즉 유한한 어휘와 문법적 틀 안에서 구성 요소를 바꾸어 가면서 무한정으로 보이는 표현을 만들어 내는 인간의 능력을 설명할 방법을 찾고자 했다. 여기에 기초하여, 우리는 생성적 접근이 좋은 삶과 번성하는 문화에 가장 훌륭하게 기여할 '문법' 혹은 조건을 식별하고 설계할 것이라고 말할 수 있다.

이 문법을 발견하고 이름 붙이는 것, 생성적 원리를 식별한 뒤 이를 참으로 살아 내는 과정은 철저히 관대함에 의존한다. 그 과정을 위해서는 우리 자신을 심오한 질문(과 그에 대한 답)에 열어 놓아야 하는데, 부족한 자원을 놓고 경쟁하는 것에 우리의 생존이 달린 것처럼 보인다면 이렇게 하기란 불가능하다. 그러나 삶의 본질이 필요에 근거하지 않음을 인식할 때, 특히 지나칠 정도로 다양한 세상의 아름다움을 인식할 때, 감사의 마음은 자신의 맥락과 경험을 뛰어넘은 질문을 던지고 이를 환영하도록 우리를 자극한다. 최선의 경우 예술가는 더 넓은 영역에서 아름다움을 드러내는 광범위한 삶의 비전을 제시함으로써 그러한 질문을 다루도록 돕는다.

속성상 그러한 비전은 독재자와 전체주의 정권에 도전한다. 즉 인간을 생존 수준에 머물러 있게 하거나, 더 나쁘게는 사회의 다양성을 제거함으로써 자신의 권력을 유지하고자 하는 이들에 대한 위협이다. 예술가와 그 밖의 생성적인 사람들은 비인간화의 경향을 빠르게 감지하는데, 이는 그들이 자주 독재자의 표적이 되기 때문이다. 그러나 예술가들은 소망과 의미를 가리키면서, 비극이나 공포 가운데서도 궁극적으로 인간 번영의 새로운 측면을 드러낼 수 있다.

결핍의 문화가 만드는 비좁은 생각에서 벗어나기 시작할 때 또 다른 핵심적인 생성적 법칙이 모습을 드러낸다. 바로 청지기 정신(stewardship)이다. 단순 생존을 넘어서, 업무 기능이나 관료 조직의 전문성 혹은 사회적 역할은 인간의 관심과 책임이 도달하는 넓은 영역이다. 우리는 모두 함께 돌봐야 하는 선물을 받았다. 미래 세대에게 건강한 지구를 남겨 주기 위해 환경을 돌보는 일이 중요함을 배우는 것과 마찬가지로, 우리 모두는 미래 세대의 번영을 위해 문화를 돌보아야 한다.

이러한 설명 안에는 생성적이라고 주장하는 법칙을 평가할 수 있는 척도가 함축되어 있다. 즉, 진정으로 생성적인 사고와 생성적인 삶은 우리의 문화를 보다 인도적이고 환대하는 것으로 만들고 우리를 보다 온전한 인간이 되도록 고무하는 작업과 운동을 가능하게 한다. 만약 어떤 문화적 기여가 시간이 지날수록 더 많은 아름다움과 선함과 번영을 식별하거나 생산하거나 촉진한다면, 우리는 쉽게, 심지어 확신에 차서 그러한 기여를 생성적이라고 확언할 수 있다.

생성적 순간에는 재료에서 변형된 새로운 것, 자유로우면서도 그 자체의 지속되는 창조적 공헌을 책임지는 무언가가 나타난다. 내 농장에 웅장하고 오래된 배나무가 있다. 이 나무는 작은 씨앗으로부터 자라났다. 맨 처음에 그 씨앗은 죽었다. 그리고 따뜻하게 품어 주는 땅을 만나 조그만 싹으로 바뀌었다. 시간이 흐르며 보살핌을 받아 그것은 완전한 생장을 이루었고, 모든 면에서 원래의 씨앗과 비교할 수 없을 만큼 자라나 종국에는 생성적 잠재력으로 충만한 여러 층위의 아름다움을 지니게 되었다. 그 나무는 그늘과 보금자리, 꽃과 열매를 준다. 따뜻함이나 벽, 혹은 예술 작품을 위한 목재를 제공할 수도 있다. 풍경에 기여할 수도 있고 침식을 방지하기도 한다. 시나 희곡, 회화나 사진을 위한 영감을 제공할 수도 있다[이 책 앞에 실린 작품 "기적"(Ki-Seki)이 그 예다]. 과학적 발견을 촉발하거나 아이들에게 놀이 공간을 제공하거나 남자나 여자가 생명의 본성에 대해 묵상할 수 있게 만들기도 한다.

문화 돌봄은 생성적 사고의 실천이라 말할 수 있다. 문화 돌봄은 궁극적으로 생성적 문화 환경을 가져온다. 그것은 의미에 대한 물음에 열려 있고, 단순한 생존 이상을 추구하며, 사람들에게 의미 있는 행동을 하도록 고무하고, 온전함과 조화를 향해 나아가는 문화 환경을 말한다. 문화 돌봄은 번성하는 여러 세대 간 공동체를 만들어 낸다.

막간: 아름다움이 금기였을 때

나는 아름다움이라는 단어를 의도적으로 사용함으로써 물살을 거슬러 헤엄치고 있다. 내가 1990년대 중반 뉴욕에서 전시를 시작할 즈음, '아름다움'은 공적으로 말해서는 안 되는 금기어였다. 그 단어는 문화적 패권, 제국주의 권력, 과거의 부패, 혹은 피상적인 현대 문화의 허울뿐인 광택을 의미했다. 예술계는 여전히 이 단어를 싫어한다.

소호의 딜런 갤러리에서 처음으로 작가로서 발언할 때, 나는 이사야 61:2-3의 본문을 인용했다.

모든 슬퍼하는 사람들을 위로하게 하셨다.
시온에서 슬퍼하는 사람들에게
    재 대신에
[아름다움의 관]을 씌워 주시며,
    슬픔 대신에
기쁨의 기름을 발라 주시며,
    괴로운 마음 대신에
찬송이 마음에 가득 차게 하셨다.

주디의 꽃다발이 일깨워 준 후로도 오랫동안, 나는 때로 나의 여정에서 아름다움을 삶에 통합하기 위해 씨름했다. 일본에서 대학원 과정 국비장학생으로 니혼가(Nihonga) 기법을 배울 때, 나는

금, 은, 공작석, 남동석, 섬세한 종이와 실크 같은 너무나도 아름다운 재료를 사용했다. 나는 내 앞에 드러나는, 내 손으로 창조하고 있는 아름다움과 격렬하게 씨름했다. 내게는 현대 예술의 타당한 전제로서 아름다움을 통합해 내는 개념적 틀이 없었던 것이다. 딜런 갤러리에서 열린 첫 번째 작가와의 대화에서, 나는 이러한 분투에 대해 그리고 예수 그리스도의 중심적 실재를 발견함으로써 어떻게 내가 처음으로 아름다움 뒤에 있는 통합적 전제를 그리스도 자신에게서 찾을 수 있었는지에 대해 말했다.

그리스도도 이사야 61장을 낭독하시면서 자신의 사역을 시작하셨기 때문이다.

> 주님의 영이 내게 내리셨다.
>   주님께서 내게 기름을 부으셔서,
>   가난한 사람에게 기쁜 소식을 전하게 하셨다.
> 주님께서 나를 보내셔서, 포로 된 사람들에게 해방을 선포하고,
>   눈먼 사람들에게 눈 뜸을 선포하고,
> 억눌린 사람들을 풀어 주[게 하셨다]. (눅 4:18)

그런 뒤 그분은 "이 성경 말씀이 너희가 듣는 가운데서 오늘 이루어졌다"고 주장하심으로써 듣는 이들을 충격에 빠뜨리셨다(눅 4:21). 나사렛 예수는 자신이 우리에게 "재 대신에 [아름다움의 관]"을 줄 수 있는 바로 그분이라고 주장하셨다. 자신이 바로 이 아름다움의 원천이라고 주장하셨다.

예술계 사람들로 가득 찬 공간에서 그리스도는 물론이고 아름다움을 언급하며, 나는 내가 그들에게 문화적으로 수용 가능한 기준을 위반하고 있음을 알았다. 그러나 그분을 따르는 사람으로서 나는 그리스도가 주장하신 바를 인정해야 했고, 이 공적 영역에서 그분의 말씀을 우리가 시험해 볼 수 있는 어떤 것으로 분명히 제시할 필요가 있었다. 나는 아름다움을 되찾는 일을 시작하고 싶었고, 우리 시대를 위해 그것을 창조자께서 주신 선물로 표현하고 싶었다. 나는 아름다움을 우리가 발견하고 받아들이고 보살펴야 할 선물로 보는 시각을 회복하도록 돕고 싶었다.

다음 날, 청중 가운데 있었던 한 비평가가 전화를 걸어 놀랍게도 이렇게 말했다. "예술계에서 누구도 확신에 차서 이사야서를 진심으로 인용하는 것을 보지 못했습니다. 당신이 말해야만 했던 것에서 감동을 받았어요." 뉴욕 예술계의 거칠고 냉소적인 환경에서 아름다움을 창조하고 보여 주려는 나의 여정은 그렇게 시작되었다.

기본 가정들

문화 돌봄의 틀은 몇 가지 기본 가정에 기초한다. 그 가운데 많은 부분은 환경을 위한 청지기(어떤 이들에게는 창조 세계 돌봄으로 알려져 있는)의 원리를 문화를 위한 청지기 정신에 적용할 때 예상할 수 있는 것과 유사하다. 나는 문화적 환경을 복구하려는 노력이 선하고 고귀하며, 그러한 노력이 다음 세대에 유익을 가져올 것이라 생각한다. 현재의 문화적이고 이념적인 분열과 상관없는 대화와 질문을 통해 사람들과 소통하려는 노력이 건강한 것이며, 궁극적으로 문화적 번영을 도울 것이라 생각한다. 문화 전쟁을 야기하는 양극화된 문화적 현실 안에서는 이러한 가정들조차 도전받을 수 있다. 문화 전쟁이 야기한 마비 상태는 '타자'에 대한 근본적 신뢰를 심각하게 약화시켰고, 그리하여 우리를 갈등 너머로 나아가지 못하게 한다. 문화 돌봄의 태도는 이러한 현실에도 불구하고 새 출발을 가능하게 하는데, 이는 문화 돌봄이 새 창조의 약속, 새로운 형태의 공동체의 가능성에 초점을 맞추기 때문이다.

예술가이자 그리스도인으로서 나는 아름다움, 생성적 사고, 책임감 있는 행동의 원천과 목표를 우리의 삶이 무엇을 위한 것인지에 대한 성경의 이해에서 발견한다. 우리는 우리의 창조적 정체성을 하나님 안에서 발견한다. 발생적 순간이 상정될 수 있는 것은 하나님이 위대한 예술가시고, 우리는 맡겨진 창조 세계를 관리하도록 부름받은 그분의 예술가들이기 때문이다. 성경의 좋은 소식은 우리가 그리스도 안에서 궁극적 온전함, 통합, 행복을 향해 나아가고 있다는 것이다. 우리는 모든 창조 세계의 유익을 향해, 그렇게 되도록 지어진 원래의 존재가 될 수 있게 보다 온전히 변화되고 있다.

그러나 문화 돌봄과 생성적 원칙은 단지 그리스도인이나 교회, 혹은 종교적 대화만을 위한 개념은 아니다. **문화 돌봄은 모든 사람의 일이다.** 누구든 공동선을 위해 기여할 수 있다. 감사하게도 이미 다양한 배경을 지닌 사람들이 그렇게 하고 있다. 이러한 대화는 선한 뜻을 품은 모든 사람에게 열려 있다. 사람이 살 수 있는 문화를 만들기 위해, 창조성을 육성하는 문화를 만들기 위해, 우리 모두는 무상으로 아름다움을 나누기로 선택해야 한다.

'**무상의**'(gratuitous)라는 단어는 '불필요한 폭력'(gratuitous violence)*처럼 부정적으로도 쓰일 수 있다. 그러나 뒤에서도 살펴보겠지만, 이 책에서는 심각하게 분열된 우리의 문화가 필수적으로 요구하는 의도성, 심지어 강제성을 지적하기 위해 이 단어를 사용한다. 아름다움의 실재가 어떻게 그러한 분열이 통합되도록 도울 수 있는지 또한 살펴볼 것이다.

* 주로 텔레비전이나 비디오 게임에서 앞뒤 맥락과 상관없이 보여 주는 폭력을 말한다.

03 검은 강, 갈라진 땅

서구 사회의 사람들은 종종 자신을 개인으로 먼저 인식하지만, 사실 인간은 고정된 관계들에 둘러싸인 중심점으로 더 잘 이해될 수 있다. 때로는 의존성이 더 눈에 띄고, 때로는 자신의 기여도에 더 집중하기도 하지만, 우리 모두는 공동체 안에 존재한다. 가족 안에, 장소 안에 존재한다. 교회와 직장 모임 안에 존재한다. 경제와 생태계 안에 존재한다. 더 나아가, 물리적이고 문화적인 환경과의 다면적 상호작용은 우리의 몸, 생각, 정신, 궁극적으로는 영혼에 직접 영향을 미친다.

이 모든 요소에 대해 개별적으로 말할 수 있지만, 사실 우리의 반응을 (아무리 그렇게 하고 싶다 해도) 개별적으로 분리하기란 불가능하다. 관계에 영향을 끼치는 모든 경험은 생각에도 영향을 주고, 이는 다시 몸에 영향을 주며, 이런 식의 영향 관계는 뒤바뀌며 반복된다. 우리가 번성하고자 한다면, 우리는 오직 더 넓고 상호 연결된 생태계의 일부로서만 그렇게 할 수 있다. 번성하는 생태계는 풍요와 다양성, 그리고 심지어 열외자로 살면서 주변부에 머물기 원하는 이들까지도 환대하는 것으로 알려져 있다.

주디는 우리의 육체뿐 아니라 영혼에도 양식이 필요함을 일깨워 주었다. 뒤에서 아름다움이 어떻게 우리의 영혼을 먹이는지에 대해 논하겠지만, 먼저 그와 관련하여 영혼이 굶주릴 때 발생하는 결과를 살펴볼 필요가 있다. 우리의 영혼이 오염된 생태계의 생산물을 먹을 때 공동체에는 어떤 일이 일어나는가? 이것이 오늘 우리가 살고 있는 상황이다. 우리는 이러한 불균형을 초래하는 더 큰 문화적 실재를 인식해야 하고, 그럼으로써 문화 돌봄을 향한 가장 좋은 길을 발견할 수 있을 것이다.

20세기 중반의 산업 지도는 뉴욕의 허드슨강을 검정색으로 칠했다. 당시의 지도 제작자들은 검정색 강을 좋은 것으로 여겼다. 산업으로 가득 차 있었기 때문이다! 더 많은 공장 생산물은 더 많은 진보를 의미했다. 이 지도가 제작될 때 '자연'은 대체로 개발해야 할 자원으로 인식되었다. 소수의 사람만이 산업 폐기물을 부주의하게 처리했을 때 나타날 결과에 신경 썼다. 지난 50년 사이에 문화는 극적으로 바뀌었다. 내가 이 이야기를 하고 있는 지금, 대부분의 사람들은 어떻게 오염된 강을 좋은 것으로 생각할 수 있었는지 몸서리를 치며 묻는다.

그러나 오늘날 우리는 문화의 강에 동일한 일을 하고 있다. 예술 및 다른 문화 사업들을 문화의 토양에 물을 공급하는 강이라고 생각해 보라. 우리는 이러한 문화의 강을 검정색으로 칠하고 있다. 즉, 문화는 산업으로 가득 차 있고 상업적 이익이 지배하며 독성을 지닌 부산물에는 아무도 신경 쓰지 않는다. 그리고 문화의 지도 제작자 가운데는 여전히 이것이 좋다고 주장하는 사람도 있다. 오염은 숨 쉬기를 어렵게 만들고, 예술가의 창작 활동을 어렵게 만들며, 탁류 속에서 누구도 아름다움을 보기 어렵게 만든다.

오늘날 우리의 문화가 생명을 주지 않음은 널리 인정되는 사실이다. 예술 작업이 지속될 수 있게 해 주는 주변부 공간이 거의 남아 있지 않다. 더 넓은 예술과 문화의 생태계는 심하게 훼손되었고, 오직 독으로 오염된 환경에 적응한 획일적인 생존자 군집만 남았다. 자연과 마찬가지로, 문화에서도 다양성 결핍은 고통받는 생태계의 첫 번째 표지다.

문화의 강으로 흘러드는 많은 지류가 오염되었고, 결과적으로 이 강이 물을 대는 토양 역시 바짝 마르고 갈라졌다. 이러한 예는 대부분 잘 알려져 있지만, 문화의 토양 안의 몇 가지 핵심적 균열 지점(영혼을 굶주리게 하는), 그리고 물속에 독을 퍼트리는 몇 가지 원인(영혼을 오염시키는)을 간략하게 살펴보고자 한다.

문화의 영혼을 굶주리게 하는 것

문화의 파편화를 야기하는 가장 강력한 원천 중 하나는 산업혁명의 엄청난 성공에서 자라났다. 산업혁명의 비전과 기준과 방식은 곧 공장과 경제 분야를 넘어 급격하게 증식했고, 교육에서부터 정부, 심지어 교회에 이르기까지 수용되었다. 결과는 환원주의였다. 현대인들은 진보를 효율성과 동일시하기 시작했다. 산업계를 포함한 많은 분야에서 용감하고 지속적인 저항이 있었음에도 불구하고, 이제 우리 문화의 많은 부분에서 성공은 효율적 생산과 대량 소비에 의해 판단된다. 우리는 최종 이윤에만 집착하는 성공에 비판적이지만, 그만큼 반복적이고 기계적인 작업을 가치 있게 여길 때가 많다. 유혹적인 산업주의 사고방식에서, 사람은 '노동자' 혹은 '인간 자원'이 되어 처음에는 교체 가능한 톱니처럼 여겨지다가 그다음엔 기계처럼 다루어지고, 이제는 종종 실제로 기계에 의해 대체된다.

이와 관련된 또 다른 균열 지점은 과도한 전문화인데, 이 지점에서 사람이나 기업은 점점 생산 공정, 지식 분야, 예술 장르, 혹은 시장의 아주 좁은 한 부분에만 초점을 맞추게 된다. 그 한 가지 결과는 '전문가'가 점점 더 부각되는 문화다. 전문가는 한 부분만 알고 전체는 알지 못하며, 종종 자신들이 일하는 분야조차 폭넓게 알지 못한다. 그들은 자기 분과에서 더 깊이 들어가기 위해 관심 영역을 의식적으로 축소한다. 그러나 비좁은 한 가지 핵심이 더 명료해지는 대신, 맥락과 누군가의 기본 가정에 대해서는 무지해진다. 이는 종종 다른 전문 분야 사람들로부터의 고립을 야기하고, 때로 소외와 적대감까지 일으키기도 한다.

오늘날의 전문가는 일반적으로 의미와 연관성, 책임감에 대한 질문을 피하고, 그러한 사안들은 의미를 '전공'하는 사람들에게 회부한다. 물론 이런 상황은 근본적으로 인간을 위해 만족스럽지 못하며, 문화적 불안의 원인이 되기도 한다. 그 결과는 학문 영역에서도 문제를 일으킨다. 내 아버지의 연구가 그 예다.[1]

◇ ◇ ◇

아버지는 촘스키와 연구한 이후 도쿄 대학교에서 오랜 시간을 보냈고, 이후 뉴저지 머레이 힐에 위치한 순수연구단지 내의 유명한 벨 연구소에 합류했다. 1970년대 초, 아버지가 음성학 연구 내에서 근본적 결함을 인지하기 시작한 것은 이곳에서였다. 1980년대, 50대 초반이었던 아버지는 동료들에게 그들 분야에서 통용되던 기본 원리에 의문을 제기하는 노트들을 보내기 시작했다. 아버지는 그들의 많은 접근에 결함이 생기는 이유가 그들이 환원주의적 가정에 기초해 있기 때문임을 발견했다. 그러한 접근은 데이터와 맞지 않았고 부적절했으며, 따라서 목표에 도달하지 못했다.

내가 단순하게 이해하기로, 초기 연구는 발화 패턴을 분할하면 발화를 재구축할 수 있는 충분한 자료를 얻을 수 있으리라 추정했다. 개구리를 해부한 뒤 원래대로 붙여서 꿰매어 놓고 다시 뛰어오르기를 기대하는 것과 비슷했다. 전형적인 모더니즘적 접근이었다. 연구자들은 10년 안에 자연스럽게 들리는 인간의 발화를 인공적으로 재현할 수 있으리라 기대했고, 애플의 시리나 구글의 음성 내비게이션 같은 기술의 개발을 예견했다. 그러나 아버지가 옳았다. 그러한 최고의 기술력을 가지고도, 30년이 지나도록 여전히 소리는 끊기고 기계음처럼 들렸다.

아버지는 유연한 사고로 알려진 집단으로 여겨지는 과학자 공동체를 상대하고 있었음에도 불구하고, 언어학/음성학에 자신의 새로운 개념을 제시할 수 있기까지 수년이 걸렸다. 확신컨대, 많은 종신직 교수들은 아버지의 주장이 자신의 가설을 위협한다는 사실을 발견했던 것이다. 그전까지 아버지는 정부 보조금과 같은 연구비 후원을 찾는 데 어떤 문제도 없었지만, 이제는 아버지 자신이 그 설립에 기여한 연구계의 기득권층을 상대로 싸우고 있음을 깨달았다. 연구비 확보를 위한 여러 번의 시도가 실패한 뒤, 실리콘 밸리의 성공한 사업가였던 나의 형이 나서서 아버지의 연구가 시작되기에 충분한 데이터 수집을 위해 연구생 직책을 재정적으로 후원했다.

오늘날 컴퓨터의 음성 기능이 지금처럼 훌륭하게 들리는 것은 부분적으로 내 아버지의 연구 결과 때문이다. 1980년대에 AT&T와 결별한 뒤, 아버지는 오하이오주에서 C/D(Converter/Distributor, 변환/송출) 이론이라 불리는 새로운 방식을 소개하기 위해 몇 년을 보냈다. 이 이론은 언어를 분할하는 것보다 목소리의 강세와 억양 패턴을 인식하는 것에 더 관심을 기울인다. 아버지는 이러한 접근을 **운율적**(prosodic)이라고 부르는데, 그것이 발화와 언어의 복잡한 자연적 특징을 더 잘 설명해 주기 때문이다.

◇ ◇ ◇

우리 대부분은 환원주의의 폐해를 깊이 인식한다. 즉, 우리는 우리가 생산해 내는 것 이상의 존재이며, 효율성이 교육, 종교, 예술, 놀이 혹은 인간 문화의 다른 많은 측면에서 핵심이 아님을 안다. 대부분의 사람이 환원주의적 관점에 만족하지 않지만, 실행 가능한 대안이 있거나 그 대안을 명확하게 설명할 수 있는 사람은 그다지 많지 않다. 환원주의는 사람들이 성공을 어떻게 정의하는지뿐만 아니라 사회가 무엇을 가치 있게 여기는지의 영역까지 장악했기 때문이다. 우리 문화에서 많은 사람이 더 이상 꽃다발을 가치 있게 여기지 않는데, 그것은 아름다움이 생산 장치에 도움이 되지 않으며 가장 최근의 문화 전쟁에서 유리한 위치를 차지하는 데도 도움이 되지 않기 때문이다. 또한 소비에 대한 끊임없는 압박이 감상하고 즐기는 우리의 능력을 망가뜨려 놓았기 때문이다.

문제는 생존이나 가족 부양에 대한 바람이 아니다. 오히려 문화의 파편화는 생존을 최종 목표로 여겨서, 개인을 성장하게 하고 우리의 문명이 더 큰 비전을 바라볼 수 있게 해 주는 통합적 접근을 무시하는 덫에 빠질 때 발생한다. 파편화는 우리의 삶에서 아름다움의 중요성과 아름다움의 경험을 공동체 안에서 공유하는 것의 필요성(개인과 사회 둘 다의 번영을 위해)을 잊어버릴 때 발생한다.

환원주의와 마주칠 때 우리는 나의 멘토 한 분이 말하듯 인간 존재(human beings)를 '인간의 행위'(human doing)와 동일시해서는 안 됨을 기억해야 한다.[2] 우리는 경쟁과 생존 본능을 따르는 동물 이상의 존재다. 인간의 문화는 소굴, 무리, 혹은 집단에 대한 충성 이상을 아우른다. 따라서 개인과 가족으로서 우리의 관심사는 온전한 사람을 기르고 교육하고 형성하는 것, 곧 번영하는 공동체, 도시, 국가를 함께 창조할 수 있는 상호 연결된 시민을 양성하는 것이 되어야 한다.

문화의 영혼을 오염시키는 것

나는 오늘날 문화 안에서 작동하고 있는 파편화와 환원주의가 문화의 강에 두 가지 주요 오염 물질을 흘려보낸다고 본다. 내가 **예술의 지나친 상업화와 실리적 실용주의**라고 부르는 것들이다. 오늘날 우리는 예술을 사회에 비전을 가져다 주는 선물로 여기는 대신 상업적 이익을 위한 수단으로 본다. 오로지 시장에서의 성공만을 바라는 예술가들은 종종 문화 전쟁에 휩쓸리고, 그들의 작품은 그러한 분열적 싸움에서 이념적 도구나 무기로 사용된다. 이러한 오염 물질은 강에서 헤엄치면서 표현의 다양성에 기여해야 할 생명체들을 질식시키고 있다.

예술계는 환원주의가 낯설지 않다. 나의 아버지가 과학자로서 환원주의와 싸우면서 경험한 것을 예술가들은 20세기 아주 초반에 이미 경험하고 있었다. 문화에서의 환원주의는 전문화를 향해 가는 이성적 경로에서 나온 것이 아니라, 우리 인간이 만들고 또한 우리 자신에게 사용한 무기의 긴박한 위협에 대한 반응에서 나왔다. 두 번의 세계대전의 여파 속에서 예술가들은 문화의 심각한 인간성 상실에 대해 말하기 시작했다. 히로시마와 나가사키는 캔버스와 콘서트홀을 통해 아름다움을 포착하려는 이전의 시도가 얼마나 순진했는지를 드러냈다. 예술가들은 다다이즘과 추상표현주의 같은 운동에서 트라우마, 환멸, 비인간화를 시각화하는 이미지를 창조했고, 아름다움이 아니라 역설이나 표현적 행위의 순수한 힘을 통해 그에 대항하려고 노력했다. 그 결과 나온 작품들, 즉 우리가 상실한 것에 대한 정직한 묘사는 삶을 대하는 비인간화된 시각을 경멸하면서 우리를 향해 비명을 지른다.

그와 함께 예술가들은 문화 내에서 교회의 목소리가 약해지면서 발생한 틈을 인식했고, 점점 더 자신들을 기득권에 저항하여 진리를 선포하도록 부름받은 세속의 선지자와 제사장으로 여기게 되었다. 그들은 의도적으로 사회로부터 자신들을 고립시켰고, 충격을 줌으로써 사람들이 시대의 참상을 인식하고 비판하게 만드는 것을 목적으로 하는 작품을 생산했다. 비평가 로버트 휴스(Robert Hughes)가 주지하듯, "새로움의 충격"은 20세기 모더니스트의 실험에서 일종의 삶의 방식이 되었다.[3]

마르셀 뒤샹(Marcel Duchamp), 마크 로스코(Mark Rothko), 애드 라인하르트(Ad Reinhardt) 같은 예술가들이 가리키는 세계 안에서 예술은 더 이상 장식이나 역사적 사건의 재현이 아니었다. 그들은 사회를 향해 목소리를 낼 수 있는 새로운 언어를 창조함으로써 예술적 비아 네가티바(via negativa), 즉 진리란 무엇이 아닌지를 강조함으로 진리를 가리키는 기독교 신학 및 철학 전통을 자신만의 방식으로 표현하기 시작했다. 이들은 예술과 권력의 직접적 연결성에 맞서는 미학적 반정립을 창조했고(뒤샹), 이 시대의 시간과 공간의 '모서리'(edge)에 대한 불안을 묘사했으며(로스코), 재현된 것 너머를 보는 감각적 경험의 순수성을 추구했다(라인하르트).

이 시기 동안 예술가들의 목소리는 점점 더 난해해지고 엘리트주의적이 되었다. 그들의 작품은 분명 생성적이었고, 관람자에게 비인간화된 세상에 저항할 수 있는 길을 제공했다. 그러나 동시에 환원주의적 비전이 (특히 비평가들 사이에서) 굳어지기 시작했고, 그럼으로써 예술가의 대항적 본성, 구태에 맞서 자신을 정의하려는 그들의 고집은 오로지 이념적 파편화와 주변화로 이어졌다. 예술을 위해 그들이 내세웠던 표현의 순수성과 통일성이라는 새로운 이상조차 그들 문화에 속한 사람들 대부분의 삶과는 거의 관계가 없었다.

예술가와 더 넓은 사회 사이의 거리는 문화 전쟁이 발흥하고 그러한 싸움에서 공공연하게 예술을 사용하는 경우가 늘면서 멀어져만 갔다. 모든 예술가가 진보적 징병위원회에 의해 징집되어, 전통과 순응에 대항하여 '표현의 자유'를 지켜 내기 위해 최전선에서 싸우는 전사들이 되었다. 불행한 아이러니는, 그 전투에서 최초의 사상자가 표현의 자유와 예술적 목소리였다는 것이다. 예술가들은 때로 자발적으로 때로는 비자발적으로, 자신들의 작품과 비전, 원칙을 위해서가 아니라 (보통 좌파적) 이념을 위해 목소리를 내도록 압력을 받았다. 이념적 획일성을 요구하는 암시적이고 명시적인 문화적 압력이 너무 강했기에, 문화 전쟁 속에서 예술가들은 아름다움을 제외한 어떤 것이라도 자유롭게 표현할 수 있다고 말할 정도가 되었다.

이상이 퇴색해 가면서 남은 것은 상업주의였다. 메릴린 먼로와 캠벨 스프 캔을 소재로 삼은 앤디 워홀(Andy Warhol)의 팝아트를 생각해 보라. 그는 세련된 터치와 특출한 개인적 재능으로 시대의 상징을 기가 막히게 포착했다. 그러나 워홀 자신의 작품들이 생성적이었고 중요한 대화와 오래 지속되는 유산을 남겼음에도 불구하고, 그의 팝아트는 시장에 범람하는 수많은 모방 작품으로 이어졌다. 이념적으로 사용되는 경우를 제외하고는, 오늘날 예술은 판매를 주요 목표로 여기고 오로지 명성과 그로 인한 부를 얻으려는 거래 수단으로만 가치 있게 여겨질 정도로 상품화되고 말았다.

새로움의 충격은 워홀이 우리 각자가 언젠가 얻게 될 거라 예언한 15분의 명성을 얻기 위한 게임으로 넘어갔다. 강 비유를 사용해 말하면, 예술가는 창조를 위해 그들이 필요로 하는 산소를 얻고자 오염된 물속에서 몸부림치고 있다. 예술가는 환경에 적응할 수 있지만, 지금 우리의 생태계처럼 고통받는 생태계에서의 생존은 종종 강의 가장 밑바닥을 뒤지고 다니는 메기처럼 문화의 가장 밑바닥을 먹어치우는 존재가 된다는 의미다. 생태계의 오염은 많은 이들을 괴물 같은 끔찍한 생명체로 바꾸어 버린다. 그들의 창조성은 생존을 위해 희생된다. 그리고 보통 생존에 최적화된 이들은 예술계의 유명인 모델에 맞추어 비틀고 개작하기 위한 가장 영리한 수단을 만들어 내는 이들이다. 그들은 주로 잘 팔릴 만한 것만 너무 자주 만든다. 최근 나는 음악가들에게 강연하면서 그렇게 하지 말기를 호소했다. "그 대신 연어가 되세요"라고 말했다. "물살을 거슬러 상류로 올라가기 위해, 맑고 깨끗한 물을 찾기 위해 힘쓰세요. 물살을 거스르는 흐름을 창조하세요. 그러면 그것이 강의 흐름 전체에 영향을 줄 겁니다."

그러나 그들과 내가 직면한 문제는 오늘날 거슬러 올라가는 물살 안에서도 맑은 물을 찾을 수 없다는 것이다. 따라서 이후에 살펴보게 될 것처럼, 문화 돌봄의 핵심 전략은 맑은 물의 다양한 소세계를 창조하고, 그럼으로써 우리의 문화 생태계 안에서 '연어'가 생존할 수 있게 하는 것이다.

◇ ◇ ◇

우리는 문화적 격변기에 산다. 자기 자신 너머로 우리를 인도해 주는 예술은 분야를 막론하고 지속 가능성을 위협받는다. 모든 예술 분야가 흔들린다. 화랑들은 2008년 리먼 사태 이래 시장이 얼어붙어서 어려움을 겪고 있다. 현재 뉴욕 첼시 지역의 모든 중견 화랑은 월세를 내기도 힘들다. 음악 산업은 더 이상 뮤지션들에게 좋은 조건의 계약을 제안할 수 없다. 무슨 노래든 이제 99센트 정도의 가치밖에 안 되기 때문이다. 최고의 현대 무용가도 리허설 장소를 빌리려면 비용을 부담해야 한다. 아마존 판매와 전자책의 낮은 이윤율로 인해 위협받는 출판업자들은 작가에게 점점 더 적은 보상이 돌아가는 계약을 제안한다. 인정받는 일류 작가들조차 출판사가 위험을 감수할 만큼의 가치가 없다고 여겨져서 뉴욕시에서 읽힐 수 있는 기회를 보장받지 못한다.

우리는 미술, 무용, 음악이라 불리는 종의 공식적 쇠락에 직면하고 있는 것일 수 있다. (시는 현재 놀랄 만한 속도로 작품이 생산되는 것처럼 보이는 유일한 분야인데, 부분적 이유는 시인이 시를 계속 창작하기 위해 상업 세력에 의존하지 않아도 되기 때문이다. 그러나 우리 중 많은 이들은 실제로 시를 읽고 있는 것 같지 않다.) 온라인으로 제공되는 온갖 것들의 끊이지 않는 합창은 경험의 가치를 매기는 우리의 방식을 변화시키고, 그 속에서 예술의 관객은 바뀌고 줄어들고 있다.

문화 돌봄은 왜 필요한가? 예술의 관점에서 단순하게 말하면 오늘날 예술가가 그림을 그리지 못하고 소설가가 글을 쓰지 못하며 피아니스트가 연주를 하지 못하기 때문이다. 실리적 실용주의와 상업화가 문화에 너무 깊이 만연한 나머지, 세계관 및 장래의 기대에 어떤 변화가 일어나지 않고는 예술가로서 우리가 하는 예술 활동은 지속 가능하지도 생성적이지도 않을 것이다. 문화 전쟁에서 우리의 예술 활동이 무기로 사용되는 것에 저항할 수 없게 될 것이다.

우리는 우리 시대를 발생적 순간으로 인식할 필요가 있다.

04 문화 전쟁에서 공동의 삶으로

우리가 경험한 문화의 파편화, 그리고 모든 학문의 세밀한 범주화로 인한 환원주의는 오늘날 양극화된 이념적 입장에 직접 이바지했다. 우리 중 너무 많은 수가 자신이 속한 부족과 함께 문화적 섬 안에서, 때로는 보다 문자적으로 때로는 가상적으로 고립된 채 살아간다. 우리는 경계선 너머 사람들과의 의미 있는 교류나 그들에 대한 이해가 없다. 아무도 둘 사이에 가교를 놓지 않았고 놓으려 하지도 않는다. 생성력이 아닌 생존과 결핍 모드에서 살아갈 때, 우리는 바깥의 사람들을 우리 차지가 되어야 할 물자나 권력을 두고 철저하게 경쟁하는 관계로 묶인 적으로 보는 시각에 빠지기 쉽다.

20년도 더 전에, 사회학자 제임스 데이비슨 헌터는 문화 전쟁에 참여하는 이들이 자기들의 '적'을 캐리커처로 축소시키는 언어를 사용함으로써 그들의 생각이 틀렸을 뿐 아니라 유해한 것처럼 묘사하고 그들의 인간성을 소외시킨다고 지적했다. 헌터는 『문화 전쟁』(*Culture Wars*)에서 "정통파와 진보주의 두 진영 모두에서" 공통되는 약점은 "**공동의 삶**이라는 목표에 대한 암묵적이나 오만한 무시"라 주장하면서 문제의 주범을 지목한다.¹

이러한 "공동의 삶이라는 목표에 대한…무시"는 우리 시대의 절망적 실패다. 그렇지만 이러한 실패로부터 문화 돌봄을 향해 가는 새로운 길을 시작할 수 있다.

문화는 쟁취하거나 빼앗기는 영토가 아니라 우리가 돌보아 관리하도록 부름받은 자원이다. **문화는 가꾸어야 할 정원이다.**

나는 이런 돌봄의 모델을 본 적이 있다. 2003년부터 2009년까지 국립예술위원회에서 일할 때, 나는 국립예술기금(NEA)의 의장 데이나 지오이아(Dana Gioia)에게 자문 역할을 했다. 그는 종종 이렇게 말했다. "NEA는 문화 전쟁의 폴란드 같아요. 모든 사람이 그 영토에서 싸우고 싶어 하지만, 아무도 그곳에 살고 있는 사람들을 걱정하지 않아요." 지오이아는 미국의 주요 시인이자 기업 임원이기도 하다. 문화에 대한 그의 접근법은 시인과 경영인 양쪽 모두의 입장에 기초하여, 이 단체에 잘 훈련된 관리 체계를 도입할 수 있게 했다. 위원회에서 일하는 동안 문화를 돌보는 일을 둘러싸고 의견의 일치를 이루기 위해 그가 부지런히 일하는 것을 보았다. 나는 워싱턴의 정치 지도자가 공동선을 위해 일하는 것이 가능함을 목격했다.

그러나 정치인 및 정치적 파벌은 예술가를 문화적 질병의 선동자로 지목하는 더 쉬운 길을 지나치게 자주 택한다. 문화를 돌보려고 노력하는 이들은 드물다. 자유롭고 인간적인 사회를 향한 우리의 가장 깊은 갈망을 표출하는 것을 도와줄 잠재력과 기회가 예술가 안에 있음을 인정하는 이들도 드물다.

장기간의 문화 전쟁 이후 누구도 이겼다고 주장할 수 없다. 우리 모두는 더욱 비인간화되고 파편화되었으며 진정한 대화에서 쫓겨났다. 전반적으로 문화는 오염되고 지나치게 상업화된 체계로 우리 모두를 실망시켰다.

이념을 변호하고 이를 위해 싸우는 것은 분명 그럴 만한 가치가 있지만, 이제 우리는 우리 시대의 이념이 지닌 핵심 원칙마저 타협하는 지점에 이르렀다. 자유주의와 보수주의 양쪽 모두에서 사용되는 언어는 비약되고 왜곡되었으며, 이러한 역기능은 문화의 언어를 해체시키고 있다. 문화에는 그러한 분열을 이어 주는 중재가 필요한데, 이는 우리가 믿는 것에 관한 일치를 중개한다기보다는 차이를 뛰어넘어 소통하는 것을 가리킨다.

◇ ◇ ◇

문화의 영혼이 계속 굶주리거나 오염되는 것에 대한 대안이 있는가? 우리는 예술과 문화에 대한 실리적 혹은 상업적 자세로부터 어떻게 돌아설 수 있는가? 문화 돌봄에 헌신한다는 한 가지 의미는, 독에 감염된 언어와 헌터가 지적한 우리와 다른 사람들의 삶에 대한 "오만한 무시"를 뛰어넘는 일에 헌신하는 것이다. 문화 돌봄은 공동선을 강조한다.

건설적 문화 사업은 대립이 아닌 나눔에서 시작한다. 즉, 관대한 태도로 주장하는 이상(ideals)을, 미래 세대를 위한 비전을, 타자와 만나고 대화할 수 있는 기회를 나누는 데서 시작한다. 이 모두는 예술의 맥락에서 일어날 수 있고 그런 뒤 다시 사회에 반영될 것이다. 이런 관점에서 문화 돌봄은 치열한 토론으로 이어질 수 있고 이어질 것이며, 이때의 토론은 획일적인 이념적 분파를 변호하기 위함이 아니라 문화 전체와 모든 참여자를 돌보는 방안을 찾는 것을 목표로 할 것이다.

이런 식으로 접근할 때 아마도 우리는 이전 세기의 엘리트들이 오직 부정하는 방식을 통해서만 보여 줄 수 있었던 문화 속 예술가들에 대한 이상을 회복할 수 있을 것이다. 이제 예술가들과 그 친구들은(바라기로는 교회 안의 친구들을 포함하여) 현재의 양극화라는 병폐를 끊고 문화를 위한 진정한 예언자적 시각을 발전시키는 그들만의 고유한 위치에 설 수 있다. 이를 위해서는 단순히 충격을 주거나 자기를 과시하려는 행동이 아니라 경작과 공동 번영을 위한 행동이 필요하다. 예술가들은 그들의 상상력과 작품으로 사회를 이끌어 가는 '시민 예술가'로 알려질 수 있다.[2]

예술가들은 문화 전쟁의 태도가 가져온 실패를 인정하고 이를 포기하는 대신, 문화 안에서의 발생적 순간, 곧 대화가 시작되고 캐리커처가 폐기되며 더 심오한 관심사들이 논의되는 순간을 위한 기회를 창조할 수 있다. 예술가들은 그러한 대화에서 관대함을 드러내는 일에 앞장설 수 있으며, 기회를 제공하고 진정한 다양성의 소세계들을 창조할 수 있다. 그리고 마지막으로 문화 돌봄의 세 가지 G에 일관성 있게 적용하기 위해 말하자면, 예술가들은 세대를 아우르는 사고를 함으로써 문화에서의 더 심오한 성찰을 위한 보다 강력한 토대를 제공할 수 있다.

◇ ◇ ◇

『문화 정의에 대한 노트』(Notes Towards the Definition of Culture)에서 T. S. 엘리엇(Eliot)은 바로 그러한 더 심오한 시각, 즉 공동의 삶과 공동선에 관한 유익한 글을 쓴다. "문화를 진지하게 여길 때, 우리는 사람들에게 단지 배불리 먹을 것만 필요한 것이 아니라…훌륭하고 특별한 **요리**가…필요함을 알게 된다. 간단히 말해 문화란 삶을 살 만한 가치가 있게 만들어 주는 것이다."³

오늘날 예술가에게 삶을 살 만한 가치가 있게 만들어 주는 것은 사그라지는 숯불 같다. 또한 학교 안의 총알 자국들, 10대처럼 예민한 연령대의 높은 자살률은 문화의 실패가 결코 추상적인 일이 아님을 일깨워 준다. 희생자는 수없이 늘어만 가고 있다. 에이미 와인하우스(Amy Winehouse), 필립 시모어 호프먼(Philip Seymour Hoffman), 로빈 윌리엄스(Robin Williams)의 이름은 마음 아픈 긴 목록의 일부에 불과하다.

불과 몇 년 전, 나는 이렇게 물었다. 교회 공동체의 생기 있는 일원이자 1986년 그래미 시상식 무대 위로 당당하게 오르던, 엄청난 성량의 그 젊은 여성에게 도대체 무슨 일이 일어난 것인가? 휘트니 휴스턴(Whitney Houston)의 삶과 그가 겪었던 어려움, 그리고 드러난 그의 죽음을 보면서 우리는 소스라치며 애통해한다. 그러나 우리가 문화를 소비하는 방식, 타고난 재능을 가진 개인들의 육체가 폐기되어 쓰레기처럼 버려지는 문화에서, 그러한 휘트니의 여정은 얼마나 명백히 예견된 것이었나? 2012년 그래미 시상식 직전에 일어난 휘트니 휴스턴의 충격적 죽음은 점점 길어지는 너무 빨리 우리 곁을 떠난 유명 예술인 목록에 때늦게 추가된 이름

일 뿐이다.

  그동안 다음 세대를 위한 문화의 토양 경작을 거의 해 보지 않았기 때문에, 지금 문화의 씨앗을 심고자 기울이는 우리의 노력은 한동안 주요한 결실을 맺지 않을 수도 있다. 냉혹한 평가이긴 하지만, 자연 세계의 유사한 현상을 숙고해 보면 위안이 될 수도 있다. 예를 들어, 화산토는 아주 비옥하고, 산불은 생태계에 유익을 줄 수도 있다. 알맞은 조건과 돌봄은 많은 재앙의 후유증 속에서도 급속한 재생을 가능하게 만든다.

  생성적 활동은 변화를 가져온다. 그러나 공동의 삶에 대한 이상을 삶으로 살아 내는 일은 예술가 각자에게, 그리고 다른 영역의 영향력을 지닌 우리 각자에게 많은 것을 요구할 것이다. 파괴와 해체는 창조와 결속에 비해 훨씬 쉽다. 우리에게는 비전과 용기와 인내가 필요하다. 바로 이것이 문화의 돌봄 및 배양이 영혼의 돌봄 및 배양과 더불어 시작되는 이유다.

05 영혼 돌봄

앞에서 최근 수년간 예술가들이 어떻게 주변부로 밀려났고, 그곳에서 많은 이들이 다양한 방식으로 충격을 주거나 일탈하는 행동을 통해 관심을 받으려는 노력에 안주하게 되었는지 살펴보았다. 나는 이 똑같은 예술가들을 예술 레지던시(arts residency)처럼 영양분이 주어지는 환경에 데려다 놓았을 때 그들의 창작물이 전혀 다른 색조를 띠게 되는 것을 자주 목격했다. 최근 문화 돌봄의 가치들에 대해 고민하는 동안 이러한 생각들이 종합되어, 이 책에서 말하는 많은 내용이 내가 그동안 아내와 나누었던 대화에 기인하고 있음을 깨닫게 되었다. 문화 돌봄의 원칙은 부분적으로 주디가 자신의 일을 설명할 때 사용했던 상담 치료의 언어에 기초한다. 돌봄이라는 언어는 우리의 영혼을 돌보기 위해 내 아내가 집에 꽃다발을 들고 왔던 행동의 연장선이다.

심리 상담가인 주디는 내담자들이 행복하게 웃으며 자신에게 오기를 기대하지 않는다. 내담자들은 도움이 필요해서 찾아온다.

그들은 자신의 삶에 지장을 주는 분열을 어느 정도 인식하고 있다. 아내는 그들이 속상하고 화가 나 있고 문제투성이 상태로 오리란 것을 알고 있다. 그래서 상처가 나을 수 있게 돕는 것을 자신의 일이라 여기고, 그러기 위해 먼저 잘 들은 뒤 자신의 안내하에 그들 스스로 해야 할 숙제를 내 준다.

이와 유사하게, 문화 전반이 상처를 입고 제 기능을 하지 못한다면, 대부분의 문화적 창작물이 세상의 문제에 대해 말할 것이라고 예상해야 하지 않는가? 문화 촉매자인 어윈 맥매너스(Erwin McManus)는 프로파간다로 사용되지 않는 예술을 생산하기 위해 몸부림치는 한 젊은 예술가와 나누었던 대화에 대해 말한다. 그 젊은 작가는 진짜 감정을 표현하는 작품을 창조하고 싶어 했다. 그러나 그가 진짜라고 여기는 감정은 '분노, 배신, 두려움' 같은 부정적인 것밖에 없었다. 그는 사랑이나 행복 같은 것이 진정성을 가지고 묘사할 수 있는 진실한 인간적 경험이 될 수 있을지에 대해서는 한 번도 질문할 생각을 못했다. 또한, 그는 삶을 살 만한 가치가 있게 만들어 주는 것과도 연결되지 못했다(비유적으로, 그리고 슬프게도 문자 그대로도 그랬다).[1]

소외와 고통의 소리가 우선적으로 들려올 때 절망의 유혹은 강력하다. 그러나 소망을 붙든 채 조심스럽게 귀를 기울인다면, 문화의 폐해에 대한 정직한 평가는 우리가 본연의 갈망을 건강하지 못한 방식으로 채우고자 노력해 왔음을 인정하는 것을 포함하여 우리 자신을 바르게 인식하게 해 주고, 이는 다시 치유로 이어질 수 있다.

따라서 문화 돌봄은 창조 세계 돌봄뿐 아니라 영혼 돌봄과도 중요하게 겹치는 부분이 있다. 바로 훌륭한 안내를 성실하게 따라갈 때 얻게 되는 영적 개발과 심리적 통합이다. 상담가와 내담자 양쪽 모두의 일인 영혼 돌봄 사역은 정해진 대본이 없다. 그것은 단선적일 수 없으며, 오히려 지속적으로 변화하는 영혼의 필요에 따라 반응하는 상호적이고 창조적인 과정이다. 이런 면에서 모든 유능한 상담가는 영혼의 예술가다.

문화 돌봄이 작동하는 방식을 구상하는 한 가지 방법은 정신 건강과 영적 성숙에 관한 지식을 문화에 대입해 보는 것이다. 대부분의 사람들은 스스로 기능장애에서 벗어날 수 없고, 방치된 감정적 상처는 나아지기보다 곪기 쉽다. 한편으로, 고통받은 사람을 분열된 채로 혹은 그 길에 계속 갇혀 있거나 상담 치료에 영구적으로 의존하는 상태에 머무르도록 내버려 두지 않고 치유를 향해 나아갈 길을 제시하는 것은 상담가의 역할이다. 그러나 동시에, 영적 성장과 마찬가지로 심리적이고 감정적인 건강은 외부의 강요로는 얻어지지 않는다. 문화의 경우에도 마찬가지다.

충격적 사건을 경험한 사람이 그 일을 계속 떠올리거나 악몽을 꾸는 증상에서 치유될 수 있는 한 가지 방법은 그들이 마주했던 그 충격적인 일에 대해 안전한 환경에서 한 번 더 이야기하는 법을 배우는 것이다. 이것은 그 사건이 초래한 감정적 고통을 그들이 원치 않게 다시 경험하는 것에서 벗어나, 그러한 기억을 자신의 편이 되어 이야기를 들어 주는 사람들 그리고 더 큰 의미의 틀과 연결할 수 있도록 도와준다. 이로써 그들은 트라우마를 자신이 누군지를 결정하는 요인으로 보는 대신, 자신의 더 큰 삶의 이야기 속에 있는 한 가지 일화로 여길 수 있다.

이와 유사하게, 문화 돌봄은 깨어짐을 인식하고 그에 대해 명확하게 말하는 데서 출발한다. 이는 진실을 말할 수 있는 안전한 공간을 만들어 낸다. 그러나 거기서 멈추지 않는다. 문화 돌봄은 듣는 데서 시작하고, 그다음에는 사람들이 아름다움과 온전함과 치유를 향해 나아가도록 초청한다. 우리의 진실한 상황을 인정하고 그에 관해 말할 수 있을 때, 우리는 예술가 및 문화계에 참여하는 다른 모든 사람에 대한 돌봄으로, 더 깊은 대화를 위한 문맥을 형성하는 일로, 영적 성장을 이끌어 내는 일로, 때로는 문제 해결로까지 나아갈 힘을 얻는다.

◇ ◇ ◇

내가 문화 돌봄을 주디의 일인 영혼 돌봄과 연결시키는 주된 이유는 아름다움의 경험이 지적·기술적 성취 이상의 것에 달려 있기 때문이다.

미학적 수준에서, 아름다움의 더 심오한 깊이를 볼 수 있도록 배우는 것은 우리가 참여하는 분야에서 기예와 전통을 훈련하거나 수습하는 일을 포함한다. 미술 감상자는 특정 형식의 아름다움에 어떻게 다가갈 수 있는지 보고 배우거나 회화를 읽는 법을 훈련받을 필요가 있다. 음악 감상자는 교향곡에서 음조와 음색을 듣는 훈련이 필요하다. 학생은 다른 시각으로 사물에 접근하는 법을 훈련할 필요가 있다. 어린아이나 초보자는 일관된 판단력을 형성하기 위해 사람들에게 아름답다고 인식된 것들의 다양한 예를 관찰할 기회가 필요할 것이다. 그리고 당연히 예술에 종사하는 누구에게든 성실한 작업이 요구될 것이다.

그러나 이 모든 것을 뛰어넘어, 우리의 존재 상태가 아름다움을 지각하고 창조하는 우리의 능력에 영향을 미친다. 예를 들어, 만약 우리가 아름다움의 존재 자체를 의심한다면, 그것을 마주하고 있는 순간조차 우리는 불완전하게 잘려 나간 경험을 하게 될 것이다. 그리고 내가 뉴욕에서 목격했듯이 아름다움을 일시적이거나 감상적이거나 순진한 것이라 여기며 거부하고, 아름다움을 추구하는 행위는 고리타분하고 유행에 맞지 않는, 혹은 이미 쇠락한 일로 보는 지점까지 이르게 될 수도 있다.

심오한 아름다움을 감상하는 것은 육체적·정신적·영적 건강을 위한 조건이며, 육체적·정신적·감정적·관계적·영적 성숙을 위한 조건이기도 하다. 우리 모두는 미성숙한 채로, 또한 미처 다 형성되지 못한 채로 시작한다. 모두에게는 어느 정도의 혼란이 존재한다. 그리고 이러한 혼란을 해결하려는 책임감을 어느 정도 다 가지고 있다. 없는 것을 나눌 수는 없다는 속담이 있다. 유사하게, 우리가 이룬 성숙함의 수준이 우리가 생산하는 작품의 질과 표현력의 한계를 결정한다.

우리는 종종 훌륭한 예술가와 음악가와 작가 즉 아름다움을 표현하는 능력을 증명한 이들을 위대한 영혼이라고 생각한다. 그들 중 대부분 혹은 그들 모두는 심각한 혼란을 경험했다. 뒤이은 장들에서 그들의 이야기를 만날 것이다. 최근에 트리니티 신학교의 교수 웨슬리 힐(Wesley Hill)은 훌륭한 구약학자인 브레바드 차일즈

(Brevard Childs)의 지도를 받던 한 예일 대학교 학생의 일화(전설일지도 모르는)에 대해 말했다. 성적에 불만을 품은 이 학생이 다음번 과제를 향상시킬 수 있는 방법을 묻자, 차일즈는 이렇게 대답했다. "더 깊은 사람이 되세요."[2]

어떻게 더 깊은 사람이 될 수 있는가? 분명 고립 안에서는 아닐 것이다. 심리학적 측면에서, 우리는 우리를 위해 그려진 지도를 따라 치유를 향해 가는 길을 걸음으로써 그렇게 할 수 있다. 그 길은 우리가 따라도 될 만큼 건강한 사람, 혹은 창조성의 새로운 표현을 배양할 수 있는 안전한 공간을 찾는 것을 포함할 수 있다. 공감하는 능력을 키우고 자기도취에 맞서 싸우는, 상상력을 발휘한 연습을 수반할 수도 있다. 영적 측면에서는, 믿음으로 반응하고 우리가 그토록 값없이 받은 은혜를 굳게 붙드는 것이 필요하다. 이를 위해서 영적 인도자 즉 영혼을 위한 개인 트레이너를 활용하는 방법이나, 영적이고 윤리적인 근육을 기르고 영혼에 질서를 가져오는 영적 수련과 실제적 규율 등의 일정한 생활요법을 수용하는 방법이 있을 것이다.

영혼 돌봄에서는 그러한 성숙을 위해 보살핌을 받는 공간이 필요할 것이다. 그러나 내가 보기에 그러한 공간은 유명한 재활 클리닉보다는 실용적인 동네 체육관이나 올림픽 훈련 센터에 더 가깝다. 그러한 공간의 특징은 문화 돌봄에 헌신한 적극적인 멘토 및 훈련사의 목적의식과 비전이 있는 리더십일 것이다. 그곳에서 동료 집단이 모여 탁월함과 성장을 위해 협력하고 서로 도전하면서, 경쟁과 공동 작업을 위해 스스로를 준비시킬 것이다.

건강하고 번성하는 문화는 지적으로 교육받고 경험적으로 훈련되고 영적으로 성숙하며 윤리적으로 성장하는 예술가와 다른 지도자의 참여 없이는 불가능하다. 아름다움은 목표이자, 이러한 각 요소를 위한 촉매다.

06 아름다움은 영혼의 양식

문화 돌봄과 영혼 돌봄의 연관성을 인식하고 나면 다음으로 제기해야 할 질문이 명확해진다. 우리는 사람들을 무엇으로 초대하고 있는가? 영혼은 어떤 종류의 음식을 필요로 하는가? 아름다움이란 무엇이며, 그것은 우리 안에 있는 본능과 식욕 이상의 것을 어떻게 채워 주는가? 아름다움은 개인과 문화의 분열과 역기능을 어떻게 다루는가?

역사상 이러한 질문들은 늘 사람들을 사로잡아 왔다. 대개 그 답을 집요하게 좇았던 이들은 자신이 깊고 때로는 탁한 물속에서 헤매고 있음을 발견했다. 아름다움은 악명 높을 정도로 명확하게 정의 내리기가 어렵고, 특히 진리와 선 같은 다른 궁극적 관심사와 종종 함께 거론된다. 심지어 달라스 윌라드(Dallas Willard)는 아름다움을 "감각이 분명히 인지할 수 있는 선"[1]이라 정의하기도 했다.

이 세 가지 핵심 특질이 서로 얼마나 긴밀하게 연결되는지에 대해서는 논쟁의 여지가 있지만, 경험적으로 보면 진리나 선의 결핍(작업 기술의 질에서나 윤리적인 면에서나)은 예술 작품의 아름다움을 손상시킨다. 이와 유사하게, 진리를 표현할 때 아름다움에 대한 관심이 부족하면 제시되는 진리에 매력을 느끼고 수용하는 데 방해가 된다. 우리는 앞에서 아름다움의 추구를 경시하는 문화가 진리와 선에 대한 욕구를 어떻게 잃어버리게 되는지도 살펴보았다.

우리는 음식을 선택하는 방식과 몸, 정신, 영혼의 건강 사이의 상호작용에 관해 여전히 많은 것을 알아 가고 있는데, 만약 아름다움이 영혼을 위한 양식이라면 이러한 상호작용과 관련지어 생각해 볼 수도 있다. 바쁘거나 산만할 때는 지나치게 가공된 '간편'식에 쉽게 의지하게 된다. 영양가 없는 칼로리는 몸을 튼튼하게 하는 데 거의 아무 도움도 되지 않으며, 사실 오히려 건강하지 않은 입맛을 키우거나 임상 우울증에 걸릴 가능성을 높이기도 한다. 이와 유사하게, 우리는 영혼을 먹일 때에도 진정한 아름다움 대신 표면적으로 끌리는 것, 즉 아무런 노력 없이 즐길 수 있고 그 미덕은 즉각 소진되고 마는 것을 선택해서는 안 된다. 그 대신 가장 훌륭한 영혼의 양식, 즉 온전하고 가공되지 않은, 흡수와 소화에 시간이 걸리는 음식에 대한 식욕을 키울 필요가 있다.

이 주제에 대해서는 더 많은 것을 말할 수 있고 말해야 하지만, 일단 지금은 여기까지 논의한 내용에 함축된 여러 생각을 종합함으로써 문화 돌봄 사역의 기반이 될 아름다움의 기본 정의를 제시하는 것이 도움이 될 것 같다.

아름다움은 그 자체로 **매력적이고** 바람직한 사물과 관련된 자질이다. 아름다운 사물은 감각에 **기쁨**을, 정신에 **즐거움**을, 그리고 영혼에 **생기**를 가져온다. 아름다움은 우리를 그 안으로 **초대하여** 우리의 관심을 사로잡고 거기에 더 오래 머무르고 싶게 만든다. 아름다운 사물은 면밀하게 탐색할 만한 **가치**가 있고, 묵상할 보람이 있으며, 추구해야 마땅하다. 그것은 공동체 내에서 공유하거나 공동체의 아름다움을 다른 영역으로 확장시키기 위해 행동하는 것 같은 일정한 반응을 고무하고 심지어 요구한다.

회화나 시는 여러 세대에 걸쳐 남지만 꽃다발은 이내 시들어 버리는 것처럼, 아름다움이 꼭 지속되는 형태로만 구현되지는 않는다. 그러나 아름다움은 우리가 기억하고 싶은 것이자, 변하지 않기를 바라는 것이다. 따라서 아름다움은 **만족**과 관련이 있고, 이는 아름다움이 영혼을 살찌우는 방식을 지시해 준다.

아름다움은 문양, 디자인, 형태, 모양, 색, 소리, 빛, 진실성, 관계성과 같이 수량화하기 어려운 특질들의 조합과 관련이 있다. 그것은 감정과 영혼뿐 아니라 우리의 지적·논리적 수용력에 말을 걸면서 다층적으로 매력을 발산한다. 일반적으로 개념의 세계보다는 신체 감각과 물질세계에 더 연결되긴 하지만, 종종 사람들은 지식의 추구에 관해 말하면서 아름다움에 호소하며, 최고의 과학 및 수학 이론은 그것이 지닌 단순성이나 우아함 면에서 아름답다고 칭해진다.

지금까지 제시된 이러한 정의는 논란의 여지가 별로 없고 다양한 신념을 가진 사람들에게 폭넓게 받아들여질 것이다. 다음으로 아름다움 및 문화 돌봄과 관련된 네 가지 중요한 주제를 간단히 살펴보고자 한다. 바로 필요에 근거하지 않음(gratuity), 청지기 정신,

정의, 우리의 반응이다.

◇ ◇ ◇

아름다움에 대한 기독교적 이해는 하나님이 우리나 창조 세계를 **필요**로 하지 않으신다는 인식에서 출발한다. 아름다움은 창조주 하나님께서 주시는 조건 없는 선물이다. 즉 아름다움의 원천과 목적은 하나님의 성품에서 발견된다. 하나님은 예술가이시기에, 조건 없는 사랑에 기인하여 그분 자신에게는 필요치 않은 세상을 창조하셨다.

이런 의미에서 아름다움 자체는 필수적이지 않다. 때로 현대의 많은 사람들은 이 사실을 부정적 방식으로 증명하려 했던 것 같다. 모더니스트 건축가와 도시 설계사 들이 아름답게 만들 수 있는 어떤 물체라도 또한 아름다움을 제거한 채 만들 수 있음을 증명하고자 최선을 다했던 것처럼 말이다.

그러나 비록 아름다움이 매일의 생존을 위해 필요하지 않다는 데 동의하더라도, 여전히 그것은 우리의 번영을 위해 필수적이다. 아름다움에 대한 감각과 우리의 창조성은 우리가 창조적이신 하나님의 형상으로 지음 받았다는 것이 의미하는 바에서 중심적이다. 우리가 아름다움에서 느끼는 만족감은, 창조하시며 필요에 근거하지 않는 것을 가치 있게 여기시는 하나님의 성품이 우리 안에 반영된 것과 깊은 관련이 있다. 이게 바로 우리의 영혼이 아름다움에 목말라하는 이유다.

아름다움은 필요에 근거하지 않기에, 아름다움 자체와 생존의 문제를 넘어 만족을 향하게 한다. 아름다움은 협소함, 결핍, 단조로운 일 혹은 제약의 반대로 생각할 수 있다. 대신 포괄적이고 관대하고 풍성하고 연결되어 있고 표현적인 것으로 생각할 수 있다. 또한 아름다움은 우리를 살아가는 이유와 연결시켜 준다. 그것은 창조 세계에 관해 발견되기를 기다리고 있는 것들을 가리킨다. 올바른 관계, 궁극적 의미, 심지어 영원에 관한 문제를 향해 시선을 돌리게 한다. 우리의 궁극적 원천이자 지탱해 주시는 분을 향해 앞, 뒤, 옆, 사방으로 시선을 돌리게 한다.

아름다움과 마주칠 때 우리는 속도를 늦추어 그 안에 담긴 생기에 참여하기를, 그 아름다움이 우리의 가장 깊은 갈망으로 우리의 방향을 재조정해 주고 우리가 내면 가장 깊은 곳에 있는 자아와 다시 연결되게 해 주기를 바라게 된다. 그리고 아무리 개발되지 못했거나 설령 왜곡되어 있을지라도, 아름다움에 대한 우리의 타고난 감각은 모더니즘의 실용주의적 압력과 씨름하게 만든다. 우리 자신과 갈망을 언어로 표현할 수 없을 때조차 말이다.

필요에 근거하지 않는 아름다움의 본성과 생성력 안에서, 그것은 역설적이게도 우리가 어떻게 살아야 하는지에 대한 경계를 세우도록 돕는다. 우리의 행동은 그것이 아름다움으로 이어지는지 아닌지에 근거하여 평가될 수 있다. 우리는 더 높은 기준을 드러내는 작업과 우리의 작업을 비교함으로써 도전받을 수 있다. 이것이 왜 많은 모더니스트들이 아름다움의 개념 자체를 공공연하게 거부해 왔는지를 설명해 줄 수도 있을 것 같다.

모더니즘에 저항하기 위해, 철학자 로저 스크러턴(Roger Scruton)이 발의한 생각을 소개하는 것 역시 도움이 될 것이다. 그는 부분적으로 아름다움을, 그 자체를 사색하는 것만으로도 보람이 있는 것이라 정의하고, 아름다움과 실용성은 오직 단기적으로만 충돌한다고 주장한다. 그는 아름다움이 '실용적'이지 않을 수 있지만, 사람들이 아름다움을 소홀히 하면 궁극적으로 쓸모없는 것을 생산하게 된다고 지적했다. 단지 기능에만 초점을 맞추면 그 물건을 망각의 자리로 보내게 될 것이다. 스크러턴은 아름다움이 사물을 오래가게 해 준다고 말한다.[2]

◇ ◇ ◇

앞서 아름다움이 우리가 발견하고 받아들이고 **관리하는** 선물이라고 말했다. 즉, 아름다움이 자연과 문화 양쪽 모두에서 발견된다는 주장이다. 그것은 우리에게 주어지는 것이자 우리 인간이 덧붙일 수 있는, 우리가 배양할 수 있는 것이기도 하다.

하나님은 자신이 시작하신 것을 우리가 이어 가도록 부탁하신다. 우리는 더 많은 (조건 없는) 아름다움을 창조할 능력과 책임이 있다. 『반지의 제왕』(The Lord of the Rings)을 쓴 J. R. R. 톨킨(Tolkien)은 하위 창조(sub-creation)라는 유익한 개념을 사용했다.[3] 우리는 만드는 어떤 것에서든 창조적 에너지를 발휘하지만, 동시에 언제나 우리가 받은 것에 대한 청지기 정신 안에서 행한다. 가장 좋은 경우는 원재료와 **함께** 작업을 하는 것으로, 그 재료가 가진 원래의 결을 무시하거나 맥락에 맞지 않게 비트는 대신 원재료의 속성과 한계를 존중하는 것이다. 간단히 말해, 우리는 청지기 역할을 올바로 수행하기 위해 자연과 문화 둘 다 사랑할 필요가 있다.

최근 농사에 대해 생각하면서 문화의 청지기 역할에 적용할 수 있을 몇 가지 아이디어가 떠올랐다. 지역주의는 각 지역의 고유한 특성을 인정하고, 그곳의 기후와 자연적 토양, 지역 식물과 조화를 이루는 토종 작물을 재배하는 것이 좋다고 제안한다. 지역의 기후가 좋지 않거나 자연재해로 생산물이 피해를 입은 경우에는 비닐하우스 채소나 수입 작물이 도움이 될 수도 있다. 그러나 지역 생산물이 갖는 장점이 있다. 많은 경우 맛이 더 좋다. 지역에서 생산된 제철 음식을 먹는 것은 몸에도 더 이로운 것 같다.

효과적인 청지기 정신은 생성적 작업과 생성적 문화로 이어진다. 우리는 밀을 빵으로 바꾸며, 빵은 공동체가 된다. 우리는 포도를 와인으로 바꾸며, 와인은 친구들과의 유쾌한 어울림, 떠들썩한 분위기, 대화, 창조성의 자리를 만들어 낸다. 우리는 광물질을 물감으로 바꾸고, 물감은 마음을 북돋우고 영혼을 일깨우는 작품이 된다. 우리는 아이디어와 경험을 순전한 즐거움을 누리게 하거나 공감의 범위를 확장시키는 상상력의 세계로 바꾼다.

창조 세계 돌봄에서와 마찬가지로, 문화에서의 청지기 정신에는 더 넓은 생태계 안에서 우리의 자리를 발견하기 위해 노력하는 일이 포함된다. 이 정신은 우리에게 주어진 것과 우리가 놓인 장소를 고려하도록 요청한다. 인간의 본성, 즉 우리의 진정한 열망과 한계를 인정하는 것도 고려해야 한다.

◊ ◊ ◊

또 다른 동시대 철학자인 일레인 스캐리(Elaine Scarry)는 아름다움을 정의와 연관 짓는 것으로 알려져 있다. 스캐리 박사는 2002년 「이미지 저널」(*Image Journal*) 공동 후원으로 뉴욕 대학교에서 열린 국제예술운동 학회에서 "아름다움의 귀환"이라는 대담한 제목으로 강연을 했다. (9/11 이후 아름다움은 무척 필요해졌고, 현대 예술계도 아름다움의 가치를 재발견한 것처럼 보였다.) 스캐리는 아름다움과 정의가 연결되는 한 가지 핵심으로 "결국 아름다움은 우리 자신 역시 잘못을 저지를 가능성이 있음을 볼 수 있게 한다"라고 말한다.[4]

나는 이러한 생각에 공감한다. 아름다움을 대면하는 것은 인식의 문을 열어 주고, 그럼으로써 마음을 감동시켜 우리로 하여금 잘못에서 돌아서서 진실한 것을 향해 가는 여정을 시작할 수 있게 해 준다. 뒤돌아선다는 의미의 헬라어 '메타노이아'(*metanoia*)에서 온, 그리스도인들이 '회개'라 부르는 것은 종종 아름다움과의 대면에 의해 촉발된다.

궁극적으로, 아름다움의 실재는 내가 믿음의 여정을 시작하게 해 주었다. 아름다움과 정의 그리고 우리의 필연적 반응 사이의 연관성은 문화 돌봄의 핵심 가치이지만, 내가 이를 인식하고 명확하게 말하기 시작한 것은 이 책을 쓰면서부터였다. 단 한 번의 관대함의 표시, 즉 주디가 내 삶에 아름다움을 상기시켜 주었던 그 사건은 내가 그리스도를 믿는 믿음 안으로 빠져 들어가는 탐험을 시작하게 해 주었다.

아름다움을 가치 있게 여기지 못하고 내 삶과 예술에서 그 필요성을 인정하지 못한 나의 실패는 나를 더 많이 몸부림치게 했다. 다른 많은 글에서도 썼지만, 나는 아름다움을, 특히 나 자신의 손에서 창조되는 아름다움을 더 많이 경험할수록 그것으로부터 더욱 소외됨을 느꼈다. 나에게는 아름다움을 수용하는 모델이나 범주가 없었다. 윌리엄 블레이크(William Blake)가 쓴 마지막 서사시 『예루살렘』(*Jerusalem*, 1804)을 읽으면서 그리스도와 그분이 나를 위한 사랑 안에서 행하신 희생을 보자, 비로소 그분 안에서 **희생의 아름다움**을 볼 수 있었다.

앞서 예수님이 아름다움의 원천이라고 말했다. 바로 그 원천으로서 예수님은 아주 매력적이시며, 그분을 아는 것은 기쁨을 준다. 이는 예수님을 반영하는 모든 개인과 공동체, 특히 교회의 활동 및 접근 결과에 근거한 확신이다.

앞서 인용한 이사야 61장에 반영된 그리스도의 아름다움과 만나자, 나 자신을 바라보는 시각과 사회에서 예술의 역할에 대한 시각에 일련의 변화가 생겼다. 이 책에서 쓰는 내용은 나의 '메타노이아', 즉 주님의 관대함의 행위가 자양분이 되었던 여정의 직접적 결과다.

◇ ◇ ◇

이쯤에서 그 꽃다발을 받은 후로 내가 인식하게 된 목표에 대해 말하는 것이 도움이 될 것이다. 예술가와 창조적 촉매자(스스로 예술가라 여기지는 않지만, 문화 안에서 핵심 역할을 하는 이들)로서 우리가 열망해야 할 목표는 무엇인가?

여기서 다시 이사야 61장으로 돌아갈 수 있다. 아름다움의 관*에 대해 말하는 동일한 구절에서 선지자는 아름다움과 고난과 정의의 연관성을 명시적으로 밝히는데, 이는 예술이 감당해야 할 역

---

* 한국어 성경에서는 '화관'으로 번역한다.

할을 직접적으로 말해 준다. 아름다움의 관을 받은 이들은 가난하고 마음이 상하고 갇혀 있고 탄식하고 슬퍼하며 절망에 빠져 있던 사람들이다. 그리고 하나님의 개입이 가져오는 결과로, 바로 이 동일한 사람들이 "의의 나무"라 불리게 된다. 예수님 자신이 성취하고 있다고 말씀하셨던, 선지자가 주는 메시지의 목적은 바로 정의와 갱신의 행동으로의 부름이다. 고통당하던 바로 그 사람들이

> 오래 전에 황폐해진 곳을 쌓으며,
> 　오랫동안 무너져 있던 곳도 세울 것이다.
> 황폐한 성읍들을 새로 세우며,
> 　대대로 무너진 채로 버려져 있던 곳을 다시 세울 것이다. (사 61:4)

예수님의 주장에 대해 여전히 심사숙고 중인 사람들조차, 아름다움을 일구는 일에서 정의의 사역을 위한 토대를 찾을 것이다. 아름다움과의 조우는 원래 어떻게 될 수 있었는지를 보여 주고, 따라서 당연하게도 현재의 상태에 불만을 느끼게 만든다. 주변 어디에나 존재하는 부인할 수 없고 종종 참을 수 없는 인간의 고통 앞에서도, 여전히 우리는 아름다움을 인정해야 하고 우리의 문화가 이를 반영하도록 하기 위해 애써야 한다. 이 때문에 문화 돌봄의 접근은 소외와 고통, 압제에 관한 진실에 대해 말하면서 그와 함께 정의, 소망, 회복에 관한 진리를 말하도록 장려한다.

분명히 우리의 작업 중 일부 혹은 전체는 우리의 피로한 문화를 기쁨으로 놀라게 하고, 다른 이들에게 우리 인간이 진정으로 갈

망하는 것이 무엇인지 상기시키는 것을 목표로 삼아야 한다. 지난 세기의 예술가들은 사회 내에서 깨어짐을 드러내는 역할을 했다. 그렇다면 이번 세기의 예술가들은 재결속, 화해, 재통합을 향한 길로 이끌 수 있을까?

◇ ◇ ◇

필요에 근거하지 않음, 청지기 정신, 정의 이외에도 아름다움을 이해하는 틀 안에는 희생에 대한 인식이 있어야 한다. 오래전 일본의 시인들이 인식했듯 아름다움은 죽음과 관련이 있다. 아름다움을 의미하는 일본 표의문자(美)는 두 개의 표의문자로 이루어져 있다. 즉 양을 의미하는 글자(羊)가 크다는 의미의 글자(大) 위에 붙어 있다. 표의문자가 처음 만들어진 중국에서는 아름다운 것이란 '살찐 양'이었음이 분명하다. 고기를 먹을 기회가 드문 문화에서 살찐 양은 지극한 기쁨이었을 것이다. 그러나 일본에서는 양의 희생과 더 깊이 연결되었다. 나는 『침묵과 아름다움』(*Silence and Beauty*)에서 표의문자의 일본식 개량에 대해 자세하게 썼고, 일본에서는 문화적으로 아름다움이 죽음 및 희생과 연결되어 있다고 주장했다.

세상에 아름다움을 가져오려면 희생이 필요하다. 뒤에서는 이러한 희생이 일어나는 몇 가지 역할에 대해, 영혼을 돌보고 먹이는 것에 의존하는 역할에 대해 살펴볼 것이다. 경계 돌봄, 즉 분열된 그룹 간에 다리를 놓고 메신저 혹은 사절 역할을 하는 리더십의 새로운 모델을 살펴볼 것이다. 언어 돌봄, 즉 문화 전쟁을 완화할 수 있는 교류의 언어와 생성적 문법을 찾는 것에 대해 살펴볼 것이다. 그리고 문화의 관리인 역할을 할 수 있는 예술가와 기업 지도자를 육성하는 것을 포함하여, 우리 문화의 더 넓은 생태계를 돌보고 관리하는 청지기 역할을 수행하는 여러 방법을 살펴볼 것이다.

07 주변부에서 나오는 리더십

앞에서 나는 예술가들이 주변부로 밀려났음을 지적했다. 최근에 동료이자 작업 파트너인 브루스 허먼(Bruce Herman)과 대화를 나누게 되었다. 그는 『베어울프』(*Beowulf*)에 사용된 '메악스타파'(mearcstapa)라는 고대 영어 단어를 소개해 주었는데, 번역하면 '경계를 걷는 사람', '경계 스토커'다.1 부족 생활을 하던 이전 시대에, 이들은 자신이 속한 무리의 가장자리에 살면서 경계를 드나들고 때로는 부족에게 전할 소식을 가지고 돌아오는 개인들이었다.

예술가들은 본능적으로 획일적 집단 안에서 불편함을 느낀다. 따라서 그들은 '경계 걷기'를 하면서 파편화된 실재에 관해 말하는 역할과 함께, 분열된 수많은 문화적 부족들이 주변부를 인정하고 이해와 소통을 위해 장벽을 낮추며 문화 전쟁을 완화하는 법을 배우도록 도울 만한 적합한 수단을 제공하는 역할을 맡는다. 다양한 무리의 주변부에 존재하는 예술가들은 부족 정체성을 대표하는 대리인으로 임명(징집이 아니라)되는 동시에, 분열된 문화를 위한 소망과 화해의 전달자가 될 수 있다.

이러한 역할 중 일부는 영혼 돌봄과 관련하여 생각할 수 있다. 영혼의 예술가로서 심리 상담가는 내담자들이 직면한 '부족의' 현실을 알 필요가 있다. 어떤 의미에서 깨어진 결혼 생활은 두 부족의 정체성 사이에서 해결되지 않은 갈등 때문이다. 모든 결혼은 이질적 문화의 만남이므로, 좋은 상담가는 관계 내에 존재하는 각 문화의 쟁점과 자원을 표면에 드러내어 충돌하는 두 문화가 상호 보완적으로 어우러질 수 있도록 도울 것이다. 결혼 상담은 남편과 아내 모두 상담가의 안내를 따르는 전반적인 신뢰의 맥락 안에서 행해진다. 그러나 공동체의 수준에서, 그리고 특히 대립 중인 부족들이 어떤 안내도 요청하지 않은 경우에, 자칭 사회 상담가는 아주 어려운 임무 앞에 놓인다.

'메악스타파'는 편안한 역할이 아니다. 무리의 경계에서, 그리고 무리 사이 공간에서 사는 인생은 문자적으로나 비유적으로나 위험에 처할 가능성이 높다. 자기편과 '다른' 편 양쪽 모두가 경계 스토커의 동기와 경건함, 충성심을 오해하거나 불신하기 쉽기 때문이다. 그러나 '메악스타파'는 공감, 기억, 경고, 안내, 중재, 화해를 모두 포함하는 기능을 감당하면서 새로운 방식으로 문화의 지도자 역할을 할 수 있다. 집단의 경계와 그 너머를 향해 가는 사람들은 새로운 전망과 집단을 풍요롭게 할 지식을 접할 것이다.

『반지의 제왕』에서, 톨킨은 정겨운 브리 마을의 여관에서 레인저 스트라이더*라는 어두운 인물을 소개한다. 친근하고 친절한 여관 주인은 여행자들에게 그를 믿지 말라고 경고한다. 스트라이더는 '메악스타파'이며, 그를 없어서는 안 될 안내자이자 보호자로 만들어 준 것은 많은 부분 부족과 경계를 드나들 수 있는 그의 능력이다. 그 능력이 그로 하여금 곤도르와 아노르의 대왕 아라고른이 될 자신의 숙명을 마침내 성취하고 훌륭한 지도자가 되게 했다. 그는 심지어 결혼에서도 부족 간 경계를 가로지르며 반(半)요정 엘론드의 딸인 아르웬을 배우자로 맞는다.

예술가들은 종종 사회에서 '어려운 사람들', 파악하기 힘들고 독립적이기로 악명 높은 사람들로 낙인찍힌다. 톨킨의 책에서 여행자들은 스트라이더를 보증하는 편지를 받고 나서야 그를 안내자로 받아들인다. 그러나 주저하는 새 친구들을 향해 스트라이더가 던지는 말은 많은 예술가들의 생각을 대변하는 것 같다. "그렇지만 인정해야 할 것 같군." 그는 기묘한 웃음과 함께 덧붙인다. "자네들이 그냥 나를 보고 좋아해 주기를 바랐다는 걸 말이야. 쫓기는 사람은 때로 불신에 지치고 우정을 갈망하기도 하지."[2]

나는 많은 예술가와 그 밖의 사람들이 자연스럽게 맡게 되는 역할을 '메악스타파'라는 이름으로 부른다. 이 역할을 훌륭하게 수행할 수 있는 많은 사람이 자기의 잠재력을 아예 사용해 보지 못하거나 잘못 사용하면서 일생을 허비할 수도 있다. 그러나 그들 안에 숨겨진 지도자의 자질은 무시하거나 묻혀 버리기에는 너무 소중하다. 이러한 은사를 가진 사람 중 많은 수가 처음에는 서투르거나 잘 맞지 않는 모습으로 출발할 수 있지만, 그들을 알아보고 친

---

* 특정 한글 번역서에서는 '성큼걸이'로 번역했다.

구가 되어 주는 것은 문화 돌봄에서 핵심적이다. 그러나 '메악스타파'가 완전히 성숙하기 위해서는 우정뿐만 아니라 공동체 안에서 받는 주의 깊은 양육 역시 필요할 것이다. 톨킨은 이 점을 이해했다. 즉, 그는 이야기 후반부에서 스트라이더가 자신의 역할을 감당하기 위해 다른 레인저들의 도움을 받았으며, 수년간 리븐델과 로리엔의 요정들 사이에 살면서 훈련을 받았음을 알려 준다. 우리 가운데도 수많은 '스트라이더'가 있으며, 우리의 공동체와 교회 안에서 많은 사람이 이들을 의심의 눈으로 쳐다본다. 우리는 그들을 위대한 지도자의 잠재력을 지닌 '아라고른'으로 볼 필요가 있다.

'메악스타파'의 역할을 받아들이고 그 길을 걸어갈 수 있도록 지원과 훈련을 받은 예술가들은 분열된 왕국을 통일시킬 지도자가 될 수 있다. 즉, 그들은 분열과 파편화 가운데서 화해를 이루는 사람이 될 수 있다. 그들은 엄청난 생성력과 번영을 펼칠 수 있다.

◇ ◇ ◇

누가복음 10장에서 예수님이 말씀하신 선한 사마리아인의 이야기에서, 우리는 이야기를 듣는 이들에게 '타자' 혹은 '적'으로 간주되던 사람이 다친 사람을 너그럽게 도와주는 것을 본다. 종교 전문가들과 다친 사람이 살던 마을에서 존경받던 이들마저 그렇게 하지 못할 때 말이다. 예술가들에게는 예수님이 이 비유에서 정의하신 바로 그 의미에서의 '타자'인 어떤 사람을 이웃으로 보는 훌륭한 능력이 있다. 그들은 자비를 베풀고 완전한 회복을 가능케 하는 일에서 "이와 같이 하여라"는 예수님의 가르침을 따를 수 있다 (눅 10:37).

예술가들의 이러한 타자에 대한 개방성은 어디에서 오는가? 어느 정도는 공감에서 기인할 것이다. 예술가들 자신도 종종 사회의 규범적 정체성으로부터 배척되기 때문이다. 또는 훈련을 통해 그러한 공감 능력이 길러졌을 수 있다. 예술 안에서 우리는 다른 사람의 입장에 서 보거나 이를 묘사하기 위해 지속적으로 자신을 훈련시킨다. 예술가들은 특정 환경에 소속되지 않으면서도 거기에 적응하거나 섞여 들어가는 법을 배우고, 또한 그렇게 하기 위해서 새로운 부족의 언어를 습득해야 할 때가 있다.

이는 생생한 위험이자 생생한 기회의 자리다. 때로 예술가들은 새로운 환경에 적응하면서 원래 속했던 부족과의 연결점을, 그리고 자신의 핵심 정체성과의 연결점을 잃어버리기도 한다. (앞에서 휘트니 휴스턴이 벌여야 했던 성공과의 싸움에 관해 언급했다. 그와 같은 경우는 이제 너무 일반적이다. 그럼에도 불구하고 휘트니가 남긴 유산은 수많은 생성적 요소를 포함한다.) 그러나 자신의 핵심 신념과 이념적 확신을 희생하지 않으면서도 적응력을 발휘할 수 있다면, 그러한 경험은 실로 그 신념이 더욱 깊어지게 해 줄 것이다. 또한 문화에 대한 더욱 통찰력 있고 광범위한 시각을 가질 수 있도록 이끌 것이다.

이런 면에서 예술가의 관대함은 문화 전쟁에서의 중재를 의미할 수 있으며, 이는 캐리커처를 극복하고 대화에 다양성과 어감의 변화, 심지어 역설과 같은 성질을 주입하는 것으로부터 시작하여 사회에 공감과 화해의 언어를 가르치는 데까지 나아갈 수 있다. 뿌리가 견고한 예술가들은 화해가 시작되도록 함께 모일 수 있는 중심점을 제공할 수 있다. 그들은 그러한 실천을 통해 분열된 문화를 위한 선한 사마리아인이 될 수 있다. 몇 가지 가상의 예와 실제 인물의 예를 살펴보자.

08 "그들에게 꿈을 말하세요!"

"그 사람의 시각에서 사물을 볼 수 있을 때에만…그 사람의 살가죽을 입고 걸어 다녀 볼 때에만 비로소 한 사람을 진정으로 이해할 수 있어."* 『앵무새 죽이기』(To Kill a Mockingbird, 열린책들)에서 애티커스 핀치는 이렇게 말한다.[1]

이 책에서 우리는 앨라배마주의 메이컴이라는 마을에서 애티커스의 딸 스카웃이 친오빠 젬과 친구 딜을 쫓아 거리를 뛰어다니는 장면을 본다. "메이컴 카운티에서 두려워할 것은 두려움 자체밖에 없다고 사람들은 말하곤 했다"라고 스카웃은 회상한다. 거리에는 태풍의 눈 같은 고요함이 맴돈다. 느릿느릿 걸으면서 "가게들을 들락거리는" 마을 사람들은 "만사에 느긋했다. 하루는 24시간이었지만, 더 긴 것처럼 느껴졌다."[2] 대공황이 마을을 휘감았고, 제1차 세계대전은 깊은 상흔을 남겼다. 더 많은 갈등이 다가오고 있었다.

* 옮긴이의 사역이다.

하퍼 리의 고전적 작품은 호기심 많고 거침없으며 창조적인 한 소녀를 통해 당시 미국이 씨름하던 중심 문제로 독자를 데려간다. 스카웃은 그 이야기에서 '메악스타파'로서, 인종 간에 분열되어 있던 부족 정체성들 사이를 어슬렁거리며 드나드는 법을 배운다. 작가인 리 자신도 분열된 각 편에 공감을 불러일으키는 글을 씀으로써 '메악스타파'로서 일하고 있었다. 『앵무새 죽이기』는 1960년에 출판되었다. 하퍼 리는 시골 변호사였던 자신의 아버지를 기억했고, 애티커스 핀치라는 인물을 통해 아버지가 가르쳐 주었던 정의와 평등의 원칙을 위대한 예술로 승화시켰다. 리가 들려주고자 한 것은 스스로 '단순한 사랑 이야기'라 부르던 것이었는데, 그 결과물은 편협한 문화적 사고방식이 인간의 존엄성을 존중하는 사고방식으로 바뀌도록 한 강력한 촉매제였다.

리의 예술은 세상을 재형성했다. 일례로 전 대법관 샌드라 데이 오코너(Sandra Day O'Connor)는 이 책을 읽고 법률가가 되고 싶은 마음이 생겼다고 말했다. 또한 그 책은 3년 뒤에 행해질 마틴 루서 킹 주니어(Martin Luther King Jr.)의 연설 "나에게는 꿈이 있습니다"를 예고한다. 나는 『앵무새 죽이기』를 인간성이라는 주제를 놓고 씨름한 20세기의 위대한 문화적 생산물 중 하나이자, 공감 능력을 내포한 창조성으로 이야기를 들려주고 문화의 강을 변화시키는 방법을 가르쳐 주는 모델이라고 본다.

책에서 애티커스 핀치는 거짓 고발로 강간범으로 몰린 톰 로빈슨을 변호한다. 마을 사람들이 그를 폭행하려는 모의를 꾸미고 있음을 알게 된 애티커스는 로빈슨이 갇힌 교도소 앞에서 '경비를 선다.' 그는 로빈슨의 감방 창문 밖에 의자와 독서등을 놓아 경계선을 만든다. 말하자면, 자신이 말하고자 하는 바를 위해 연극적 소품을 이용하여 자신의 거실을 갈등의 한가운데로 가지고 온 것이다. 이러한 경계선을 만들고 분열을 인정하는 것은 화해를 위해 필수적이다.

폭도들이 모인다. 스카웃과 젬, 딜이 그들의 원 한가운데로 걸어 들어가자 애티커스는 긴장한다. 그때 스카웃은 무리에서 아는 얼굴을 발견한다. "저 기억 안 나세요, 커닝햄 씨? 진 루이즈 핀치예요. 예전에 저희에게 히커리 땅콩을 가져다주셨잖아요, 기억나세요?…월터랑 같은 학교에 다녀요…월터가 아저씨 아들 맞지요? 맞지요, 아저씨?"[3]

스카웃은 "자신이 관심 있는 것이 아니라 사람들이 관심 있어 하는 것에 대해 이야기하는 것이 예의 바른 일이라고 애티커스가 말했던" 것을 기억하고 있었다.[4] 애티커스는 스카웃에게 공감하는 법을 가르쳤다. 그래서 스카웃은 애티커스에게 배운 중요한 단어를 사용해 커닝햄 씨에게 말을 건넨다. 바로 "한사 상속"(entailment)이다. 커닝햄 씨는 애티커스가 자기 가족을 위해 한 일에 감사를 표시하기 위해 히커리 땅콩을 가져다주었다. 이제 스카웃은 커닝햄 씨에게 한사 상속에 대해, 혹은 품앗이에 대해 상기시킨다. 이는 그가 기억하도록 돕는, 즉 그의 인간성을 풀어내는 암호가 된다. 또한 스카웃은 이를 통해 그의 양심, 즉 인간이 서로를 어떻게 품위와 존중으로 대해야 하는지에 대한 의식을 두드린다. 그리고 확고한 순수함으로 상황을 완화시킨다. 애티커스와 스카웃은 분열

속으로 인간성에 대한 감각을 가져오고, 의도적으로 경계를 가로질러 소통하면서 기꺼이 경계를 걷는 사람이 되고자 한다.

◇ ◇ ◇

우리의 문화는 하퍼 리가 처음 책을 쓴 이후로 많은 진보를 이루었다. 환경오염에 대한 시각이 바뀌었듯, 이제 인종 차별적 폭행을 저지르는 폭도는 실제로 상상할 수도 없다. 그러나 변하지 않는 것도 있다. 모든 세대는 저마다의 '타자'를 찾아내는 것 같다. 우리가 지닌 공통의 인간성에 대한 초점을 잃어버리고 두려움에 굴복할 때마다, 특정 개인이나 집단에 대해 가혹한 '정의'를 시행하고 싶은 유혹이 쉽게 타오른다.

톰 로빈슨의 감방 앞에 모였던 폭도처럼, 우리 문화는 여전히 죄 없는 개인이나 집단에게 죄를 묻고 희생양을 만들어 냄으로써 문화적이거나 구조적인 문제에서 우리 자신이 받아야 할 비난과 책임을 회피하려 한다. 우리는 그런 행동이 불러일으키는 인간성 말살이라는 힘을 여전히 모르는 체한다. 어떤 자극이라도 주어지면, 우리는 진리를 추구하는 느린 과정에 전념하기보다 즉각적이고 편재하는 미디어가 우리의 가장 밑바닥에 있는 본능을 부추기도록 내버려 둔다.[5] 이런 것을 문화적 투쟁-도피-경직 반응(fight-flight-freeze responses)으로 생각할 수도 있다. (한 가지 정말로 새로운 것은, 물리적 폭력을 가하는 실제 폭도만큼이나 비인간적이고 문화적으로 해악을 끼치는 가상현실의 폭도다.)

이렇듯 타자에 대한 결사적이고 비이성적인 두려움에 근거해 스스로 인간성의 가치를 떨어뜨리는 행위는 부실한 문화 청지기 정신의 결과다. 우리의 문화가 여전히 냉소주의와 혐오와 분노에 시달리는 것은 별로 놀랍지 않다. 폭력과 보복의 악순환은 계속되는 현실이다. 그리고 헤드라인과 뉴스피드에 초점을 맞춘다면, 그저 같은 것을 더 많이 예상할 수 있을 뿐이다.

우리나 어떤 '타자'에게 잔혹한 행동을 저지르려는 성난 폭도와 마주칠 때 우리는 어떻게 반응할 것인가, 혹은 어떻게 반응하는가? 불에는 불로, 미움에는 미움으로 맞서 싸우려는가? 스카웃은 더 나은 모델을 보여 준다. 그는 정의를 놓고 논쟁을 벌이는 방식으로 편견에 맞서지 않는다. 순수함 가운데서 그가 한 일은 폭도 안으로 걸어 들어가 자신이 그들의 이웃임을 상기시키는 것이었다. 스카웃은 분쟁의 한가운데서 꽃다발이 된다.

사람들에게 공동의 삶을 일깨워 주는 것, 서로가 무엇보다 먼저 이웃임을 상기시키는 일은 문화 돌봄의 임무다. 우리는 열린 자세로 집단의 경계를 인정하고, 우리 사이의 타당한 구분 역시 인정한다. 그럴 때 우리의 책임은 이러한 구분에서 인간성을 다시 회복하는 일이 된다. 우리 정체성의 일부인 **이웃**으로서의 역할 강조는, 우리가 공유하는 문화적·지리적 공간을 상기시키고 밀접성이 책임을 부여한다는 사실 또한 깨닫게 함으로써 이러한 과정을 시작한다. 이웃을 사랑하라는 예수님의 부르심은 논외로 하더라도, 우리는 공동의 번영이 서로에게 달려 있음을 안다.

스카웃은 온전히 인간으로, 온전히 어린아이로 존재함으로써 상황을 완화시킨다. 그가 순진함 속에서 행한 일을 우리는 용기를 내어 행해야 한다. 문화 안에서 화해를 이루는 사람들은 어린아이처럼 말해야 한다. 가식 없이 순수하게, 확고한 소망에 가득 차서, 삶에서 경험한 아름다움과 기쁨에 대한 확신을 가지고, 공동의 인간성이 지닌 가장 고차원의 잠재력과 소명에 맞닿은 채로, 그리고 다른 이들의 삶에서 이러한 선을 발견하기를 기대하며 말해야 한다.

우리의 예술과 대화는 아름다움과 치유를 가리켜야 한다. 그렇게 할 때, 우리는 이웃과 자기 자신에게 우리가 누구인지를, 또한 우리가 공감과 감사, 관대함의 능력을 발휘할 때 어떤 존재가 될 수 있는지를 일깨워 줄 수 있다. 이러한 공감의 언어는 진정으로 생성적이며, 책에서 폭도 앞에 선 스카웃의 존재가 그랬던 것처럼 냉소적 문화 안에서 놀라운 일을 한다. 그러한 예상치 못한 목소리가 침투해 들어올 때, 문화 전쟁의 언어와 정서는 완화되고 폭도는 다시 인간성을 회복하며 집단적 에너지가 생성적으로 표출될 수 있는 길이 놓인다. 그러한 목소리는 우리 부족을 문화 청지기의 태도로 더 가까이 끌어당길 수 있다.

◇ ◇ ◇

예술은 비폭력 저항의 가장 강력한 형태를 제시한다. 하퍼 리의 창조적 렌즈로 들여다본 스카웃의 행동, 즉 **양쪽 모두에게** 그들의 가장 깊은 인간성, 가장 고차원의 이상, 그리고 가장 깊은 갈망을 불러일으키기 위해 개인적 위험을 무릅쓰고 기꺼이 갈등 안으로 걸어 들어가는 행동은 장차 행해질 수천 번의 평화로운 행진을 예견한다.[6]

문화 돌봄은 타자를 향한 사랑의 열매인 이러한 공감의 언어를 긍정한다. 우리는 우리 부족의 경계 바깥에 있는 사람들을 향한 이

사랑이 유기적으로 배양되고 빚어질 수 있는 문화적 맥락을 창조할 필요가 있다. 문화 돌봄의 환경은 불의, 편협함, 박해를 마주할 때조차 꿈꿀 수 있는 능력을 키우고 도울 것이다.

예수님은 자신을 따르는 사람들에게 이렇게 말씀하셨다. "내가 너희를 내보내는 것이, 마치 양을 이리 떼 가운데로 보내는 것과 같다. 그러므로 너희는 뱀과 같이 슬기롭고, 비둘기와 같이 순진해져라"(마 10:16). 시인과 예술가와 창조적 촉매자는 스카웃처럼 그들의 창조성을 사용함에 있어 뱀처럼 슬기로우면서도 비둘기와 같은 순수함을 단호히 지킬 수 있다. 아름다움을 상기시키는 표지는 정의를 말과 이미지, 노래로 제시할 수 있다. 그러한 것들은 우리를 끌어당기고, 그 안에 담긴 진리가 우리 마음에 닿고 공동체를 변화시킬 때까지 관심을 사로잡는다. 문화 돌봄은 불의에 대한 비폭력 저항의 논리적 연장선이다.

◇ ◇ ◇

1963년 8월, 워싱턴 행진에서 "나에게는 꿈이 있습니다" 연설을 하기에 앞서, 마틴 루서 킹 주니어 목사는 계속되는 방해, 구금, 억압, 실망으로 소진되어 있었다. 신체적으로 너무 지쳐서, 그는 추종자들이 이 역사적 모임에서 그가 읽을 연설문을 작성하는 동안 그저 휴식을 취하면서 몇 시간을 보냈다. 가까운 조력자 중 한 명인 클래런스 벤저민 존스(Clarence Benjamin Jones)는 "행진을 위한 수송 준비가 너무 벅찼기 때문에 우리에게 연설은 우선순위가 아니었고" "8월 27일 화요일 저녁[행진 12시간 전]까지도 마틴은 자신이 무슨 말을 하게 될지 몰랐다"고 증언한다.[7] 링컨 기념관까지 몇 마일을 행진한 뒤 그는 준비된 원고를 읽기 위해 연단에 섰지만, 뭔가가 잘못되었음을 알았다.

연설 전에 노래를 부른 유명한 가스펠송 가수 머핼리아 잭슨(Mahalia Jackson)은 연설 내내 킹 목사 뒤에 서 있었다. 그가 연설문을 읽을 때 머핼리아는 계속 외쳤다. "그들에게 꿈에 대해 말하세요, 마틴. 그들에게 꿈에 대해 말하세요!" 준비된 연설이 끝나 갈 무렵, 킹 목사는 원고를 내려놓고 즉흥적으로 말하기 시작했다. 청중의 에너지가 그에게 힘을 실어 주었고, 결과는 오늘날 우리가 아는 "나에게는 꿈이 있습니다" 연설이다.

상상해 보라. 한 예술가가 지친 설교자에게 그의 마음에서 우러나오는 설교를 하라고 부추기는 장면을. 킹 목사는 꿈의 예술가였지만, 모임의 맥락 속에 억눌려 있던 그의 예술적 재능을 알아보는 것은 또 다른 예술가의 몫이었던 것이다.

예술가들은 설교자, 교사, 지도자의 연단 뒤에 서서 "그들에게 꿈에 대해 말하세요"라고 상기시켜 줄 필요가 있다. 우리의 소명 가운데 일부는 지도자들에게 그들이 그들 자신의 비전에서 시작하여 자신의 가장 깊은 구석에 닿기 위해 행진하고 있음을 상기시켜 주는 것이다. 때로 우리는 그들에게 준비된 원고를 내려놓으라고 말해야 할 것이다. '메악스타파'로서 작업하는 예술가들은 이런 방식으로, 준비된 부족의 언어를 자유롭게 드나들면서 비전을 품은 마음의 즉흥적인 재즈의 언어로 나아가도록 권면할 수 있다. 그러한 음악은 모든 이들로 하여금 돌봄의 즉흥 예술가가 되도록 초대한다.

◇ ◇ ◇

2010년 뉴욕, 어느 춥고 비 내리는 저녁에 나는 핵무기 감축을 다룬 영화 〈카운트다운 투 제로〉(Countdown to Zero)의 시사회 패널로 초대되었다. 모임을 기획한 친구는 30명 정도밖에 되지 않는 인원에 실망했다. 그는 사람이 너무 적게 온 것에 대해 관객과 패널에게 사과했는데, 패널 가운데 시민운동 지도자 제시 잭슨(Jesse Jackson)도 있었다. 그는 사과하는 말을 끊더니, "나는 마틴이 리버사이드 교회에서 그의 유명한 설교를 하던 날을 기억합니다." 이어서 말했다. "그날도 30명 정도밖에 오지 않았어요."

패널은 로널드 레이건 대통령과 미하일 고르바초프 대통령에 의한 핵무기 감축 계획에 대해 논의하기 시작했다. 어느 지점에서 잭슨은 다시 한번 목소리를 높였다. "마빈 게이(Marvin Gaye)가 그 노래["왓츠 고잉 온"(What's Going On)]를 부르기 시작했을 때 비로소 우리의 시민운동은 진짜 운동이 되었습니다." 그는 내 눈을 똑바로 바라보더니 이렇게 말했다. "예술가들이 필요한 이유는 그들이 우리에게 부를 노래를 주기 때문입니다."

정의를 아름다움과 연결하는 것은 필수적이다. 우리가 믿는 어떤 대의든 모든 사람이 부를 수 있는 노래, 행진을 하고 힘을 모을 수 있는 노래, 사람들을 끌어모아 돌봄을 배울 수 있게 하는 노래가 필요하다. 예술가는 음악을 제공하는 사람이다. 그러나 단지 군중을 즐겁게 해 주기 위해서가 아니다. 머핼리아 잭슨처럼 그들은 운동의 핵심을 드러내는 역할을 할 수 있다. 이는 그들이 '메약스타파'로서 부족의 언어를 말하는 것뿐 아니라 경계를 넘어 사람들을 연결해 주는 교역의 언어와 노래를 부르는 법을 배워야 하기 때문에 가능하다. 이런 면에서 예술가들은 보편적 아름다움, 혹은 보편적인 것을 가리키는 아름다움을 창조하도록 고유하게 준비된다. 그들은 모든 사람이 부를 수 있는 노래를 쓴다.

◇ ◇ ◇

예술가들은 지도자다. 그들은 연설로 영감을 불어넣거나 연단에서 설교를 하거나 회사를 소유하지는 않겠지만, 그들이 의식하고 관찰한 순전한 사실 때문에 그리고 그들이 들려주는 이야기와 창조하는 언어와 상징 때문에 지도자다. '다중 지능' 이론 창시자인 심리학자 하워드 가드너(Howard Gardner)는 이렇게 쓴다.

> 사실, 창조자와 지도자는 놀랄 만큼 유사하다. 두 그룹 모두 다른 사람들의 생각과 행동에 영향을 주는 것을 추구한다. 그렇기 때문에 두 그룹 모두 설득의 사업에 관여한다. 더 나아가 각 지도자 혹은 창조자는 들려줄 이야기가 있다. 즉, 창조자는 선택한 분야의 이야기에 공헌을 하는 반면, 지도자는 자신의 그룹에 관한 이야기를 창조한다. 마지막으로, 두 그룹 모두에게는 구현이 중요하다. 지도자는 매일의 삶에서 자신의 이야기를 구현해야 한다. 반면, 창조자는 자신의 영역에서 작업을 행함으로써 자신의 이야기를 구현해야 한다. 차이는 이러한 영향력의 직접성에 있다.[8]

머핼리아 잭슨은 킹 목사에게 해야 할 말을 상기시킴으로써 마음에서 우러나는 연설을 할 수 있도록 그를 자유롭게 해 주었다.

그러나 이후 마빈 게이가 그랬던 것처럼, 머핼리아 자신의 강렬한 예술적 작업은 더욱 강력한 의미에서 '설득의 사업', 즉 그 자신이 말한 것처럼 "분열을 일으키는 어떠한 미움과 두려움도 무너뜨리기" 위한 노력이었다.[9] 그것은 경계를 걷는 사람의 일이었다. 머핼리아는 더 직접적인 지도자가 되기 위해 창조자로서의 간접적 영향력을 발휘했다. 그리고 그가 그렇게 할 수 있었던 것은 자신의 핵심 신념에 계속 충실했기 때문이었다.

모든 예술가들이 잭슨처럼 공적으로 지도자 역할을 할 수 있거나 해야 하는 것은 아니지만, 잭슨은 분명 우리 모두가 따라야 할 본이다. 어떤 종류의 영향력이라도 책임이 요구되며, 그런 면에서 잭슨은 훌륭한 결실을 거둔 영향력의 모델이다. 예술가에게는 '마땅히 되어야 할 세상'을 창조하기 위해 자신의 설득하는 재능을 사용할 책임과 그 능력의 오용을 피해야 할 책임이 있다. 그러한 능력의 오용은 심각하게 자기 파괴적이 될 수도 있다. 예술가가 이러한 책임을 다할 수 있는 한 가지 확실한 방법은 자신의 영향력을 공감의 길을 비추는 데 사용하는 것이다.

09 주변부의 두 인생

'메악스타파'로서 예술가는 중요한 문화적 언어, 혹은 적어도 사회와 교회를 위한 새로운 작동 원칙을 제공할 수 있다. 하퍼 리와 머핼리아 잭슨은 그들이 속한 현재의 현실 너머를 보았다. 시인 에밀리 디킨슨(Emily Dickinson, 1830-1886)과 화가 빈센트 반 고흐(Vincent van Gogh, 1853-1890) 또한 그들이 속한 시대와 장소에서 동일한 일을 했다.

 에밀리와 빈센트는 우리 시대를 예시(豫示)한 시대를 살았던 '메악스타파'의 구체적 예다. 그들은 모더니티의 만개를 예상했고, 실리적 실용주의의 부흥을 직감했으며 비인간화에 맞서 목소리를 내는(그 목소리는 오늘날도 유효하다) 작품을 생산했다. 두 사람 모두 그들이 속한 문화와는 잘 맞지 않았다. 두 사람 모두 자신들의 재능이 인정받고 관심받기를 갈망했지만, 그들의 이러한 부적응은 그들이 부름받았다고 느꼈으나 언제나 정확하게는 설명할 수 없었던 더 위대한 목적에서 기인했다는 풍성한 증거가 그들의 편지에 남아 있다.

에밀리와 빈센트는 특히 교회의 맥락에 자신을 맞추기 위해 씨름했다. 나는 사회와 교회 안에서 예술가의 역할이 차지하는 몇 가지 미래의 가능성을 제시하기 위해 그들의 예를 사용하려고 한다. 그들의 비전은 창조적이고 예술적인 동시에 신학적이고 그들이 진정한 예배라 생각한 것과 밀접하게 연결되어 있었다.

줄표 안에서

나는 에밀리 디킨슨과 빈센트 반 고흐의 작품에서, 그들이 태어날 때부터 속한 부족 문화의 안전한 경계에서 종종 의도적으로 멀어져서 사회의 주변부를 향해 가는 순례의 여정을 본다. 빈센트는 복음 전도자로서 벨기에의 탄광 마을 광부들의 절망적 어두움 속에서 함께 지낼 때 그림을 배우기 시작했다. 에밀리는 작은 방의 한쪽 구석에 틀어박혀 지냈지만, 그렇게 하면서도 자신의 시 안에서 도피처를 찾았다.[1] 1879년에 쓴 벌새에 관한 이 시를 보라.

덧없음의 경로	A Route of Evanescence
돌고 도는 바퀴 안에서—	With a revolving Wheel—
에메랄드의 울림	A Resonance of Emerald
코치닐의 파닥거림—	A Rush of Cochineal—
수풀 속 모든 꽃	And every Blossom on the Bush
떨군 고개를 정돈하고—	Adjusts its tumbled Head—

| 튀니스에서 온 편지―아마도, | The Mail from Tunis―probably, |
| 가벼운 아침 배달―*2 | An easy Morning's Ride― |

이 유희적인 시는 빛을 반짝인다. 에메랄드와 코치닐(조그마한 인도 딱정벌레에게서 추출하는 진홍색 염료로, 내가 작업할 때 사용하는 염료다)에 대한 언급은 시의 회화적 특성을 강화한다. 한때 해적으로 유명했던 북아프리카의 도시 튀니스에 대한 언급은 과거의 영광이 감춰지고 드러나는 곳에서의 이국적 탐험을 함축한다. 에밀리는 매사추세츠주의 애머스트에서 평생 살았기 때문에 튀니스는 물리적 장소라기보다 정신적 장소다. 외국의 도시를 언급하는 것은 '일본'에 대한 반 고흐의 인식―이 예술가에게는 결코 도달할 수 없었던 이방의 낙원―과 비교할 수 있다. 벌새의 "덧없음의 경로"는 우체부의 일상적 "아침 배달"에 그러한 이국적 화려함을 더해 준다.

이는 에밀리의 글쓰기 구조가 자연에서 관찰한 것을 어떻게 되울림하는지를 보여 주는 좋은 예다. 이러한 행들의 약강 리듬, 행을 번갈아 가며 나오는 불완전운,** 불규칙하게 얽힌 두운***은 마치 벌새가 과즙을 찾아 돌아다니는 것 같다.

예술가의 '메악스타파'로서의 여정은 반드시 물리적이지 않을 수도 있다. 에밀리는 시에서 자신을 벌새와 동일시함으로써 주변부를 향해 움직이고 있다. 그는 자기의 작은 창문으로부터 경계를

* 옮긴이의 사역이다.
** wheel/cochineal, head/ride.
*** resonance/rush, tumbled/Tunis.

걷는 상상의 여행으로 우리를 데려간다. 그 머나먼 땅의 소식("튀니스에서 온 편지")은 매력적인 동시에 불길하다. "돌고 도는 바퀴"는 에스겔의 환상을 연상시키는데, 자신의 모든 시에서처럼 에밀리는 애머스트 칼뱅주의자의 딸로서 배운 언어를 끌어온다.[3] 에밀리의 리듬은 피아노 연주를 위해 배운 찬송가에서 왔다. 또한 명백하게 에밀리의 시는, 그가 어떻게 자신이 교회와 잘 맞지 않는다고 여겼으며 북쪽에서 확산되던 대각성 운동에 참여하지 않기로 선택했는지에 대한 고백이자, 남북 전쟁으로 인한 엄청난 희생을 깊이 애도하는 고백이다.

◇ ◇ ◇

에밀리 디킨슨의 애머스트 생가를 방문했을 당시, 우리는 2층에 있는 에밀리의 방으로 안내되었다. 작은 침대 옆에는 그가 시를 쓰던 서랍 하나가 달린 아주 작은 나무 책상 복제품이 놓여 있었다. 벚나무로 만든 45센티미터짜리 정사각형 책상이었다.

에밀리의 생애가 일깨워 주는 한 가지 사실은, 문화에 중요한 영향을 끼치기 위해 우리에게 필요한 것은 오직 작은 전용 공간뿐이라는 것이다. 그에게는 출판사도, 글쓰기를 격려하는 주변 환경도 없었다. 아무도 에밀리가 그토록 많은 시를 쓰고 있다는 사실조차 몰랐다. 그러나 그에게는 매일 새벽 세 시에 일어나 시를 쓸 수 있는 책상과 램프가 있었다.

제한된 자원을 고려하면, 우리는 생성적이 되기 위해 우리의 창조성을 보호할 방법을 찾아야 할지도 모른다. 예술가 집단에게 강연을 할 때 나는 종종 묻는다. "여러분에게는 작업만을 위해 사용할 수 있는 '45센티미터' 책상이 있습니까?"

◇ ◇ ◇

기록으로 잘 남아 있는 에밀리의 신앙적 분투를 보면 그는 신앙과 문화의 대화에서 주변부에 있는 것 같다. 그러나 교회에게, 그리고 신앙, 예술, 문화와 치열하게 씨름하려는 누구에게든 에밀리가 귀중하게 여겨지는 이유는 정확하게 그러한 고군분투 때문이다.

공동체와 교회의 지역 지도자로서 나는 누군가 자신이 예술가라고 밝히면 사람들이 그를 어떻게 대해야 할지 몰라 당황스러워한다는 것을 알게 되었다. 당신이 변호사나 회계사라면 모든 게 훨씬 순조로울 것이다. 교회와 선교단체의 지도자 훈련에서 진행 중인 프로그램의 의제에 잘 들어맞지 않는 사람들은 종종 훈련받기 힘들거나 심지어 신실하지 못하다고 낙인찍힌다.

애머스트의 일류 학교에 다니던 어린 소녀 에밀리 디킨슨은 이와 유사하지만 좀더 쓰라린 경험을 했다. 교장 메리 라이언스(Mary Lyons)는 마운트 홀리요크 여성 신학교의 설립자이자 전도자였다. 라이언스는 어린 여학생들을 구분하는 범주를 만들어 정기적으로 학생들을 세 개의 공개 그룹으로 분류했다. 헌신된 그리스도의 추종자('그리스도인'), 그리스도인이 되기를 희망하는 이들('희망자'), 그리스도인이 되기를 희망하지 않는 이들('희망 없는 자'). 라이언스는 에밀리를 세 번째 범주에 넣었다.[4]

애머스트를 휩쓴 부흥의 물결 속에서 그의 가족과 친구들은 회심을 경험했지만, 에밀리는 거기에 동참하기를 거부했다. 그는 친구 제인 험프리에게 이렇게 썼다. "그리스도는 여기의 모든 사람들을 부르고 있고 내 친구들은 모두 거기에 응답했어. 심지어 내 단짝 비니도 자기가 그리스도를 사랑하고 신뢰한다고 믿어. 오직 나만 반역하고 있지."[5]

홀로 자신의 진실성을 고수하는 일에는 상당한 용기가 필요했다. 그 '반역'은 당시 13살이던 에밀리의 친구 소피아 홀랜드의 갑작스런 죽음으로 일찍 깨어난 것일 수 있는데, 그 사건은 아파서 학교를 쉬어야 했을 정도로 그에게 크게 영향을 끼쳤다. 그 시절의 에밀리는 유난할 정도로 홀로 있기 좋아하면서도 생각을 분명히 표현할 줄 아는 소녀였다. 어린 시절 쓴 편지들의 재치 있고 끝없이 이어지는 긴 문장은 배움과 글쓰기에 대한 에밀리의 열정을 드러낸다.

에밀리가 평생 쓴 편지들을 읽다 보면 죽음과 계속 마주친다. 길게 이어지는 문장이 다수의 줄표로 대체된다. 이 줄표는 에밀리 고유의 표현이자 정체성으로 남았다. 즉 에밀리는 줄표 안에서, 삶과 죽음 사이의 과도적 한계 공간 안에서 자신을 발견했던 것이다. 이론적으로 모든 죽음은 영원을 추구하는 청교도적 가르침을 적용할 기회일 수 있지만, 에밀리에게는 모든 상실이 너무 강렬하게 다가왔기에 그 대신 하나님의 선하심에 대한 깊은 의문을 품게 되고 탄식과 고립으로 더 깊이 빠져들었다.

칼뱅주의 신학을 거부할수록 그의 풍자적 언어는 더 신랄해졌다. 그러나 그의 반역은 사람들이 세상의 복잡성과 고난을 모호하게 만들기 위해 사용하는 엄격하고 정확하지 않은 범주에 대한 것이었다. 그러한 범주는 에스겔의 환상 속의 바퀴를, 그 모든 아름다움과 공포를 괘종시계의 규칙적인 태엽으로 축소하려는 시도가 될 수 있다. 그것은 벌새를 새장 안에 가두려는 시도다.

별이 빛나는 밤 속으로

그보다 약간 늦은 시기에 지구 반대편에서 그림을 그리던 빈센트 반 고흐 역시 자신의 경계적 존재라는 유사한 유령에 쫓기고 있었다. 에밀리 디킨슨은 집에 머물기를 선택했던 반면, 빈센트는 고향 네덜란드에서 멀리 떨어진 곳으로 여행했다. 처음엔 전도자로서 벨기에의 광부들에게 갔고, 이후에는 그가 이른 죽음을 맞이하게 되는 프랑스 아를로 갔다.

빈센트가 네덜란드 개혁주의 목사 가문에서 태어났고, 그 역시 목사가 되기 위한 훈련을 받았음을 아는 사람은 그다지 많지 않다. 교회 장로들이 그의 소명을 거부하여 그는 전도자로 방향을 바꾸었다. 그는 프란체스코 수도회 규율에 따라 가난한 이들 가운데서 살았다. 그러나 그를 파송한 교회 지도자들은 그가 택한 누추한 생활 조건에 경악했다. 그들은 그가 '성직자로서의 품위에 어긋난다'고 선언하면서 그를 또다시 거부했다.

광부들의 삶 속에서 자신의 신앙을 온전히 체현하려는 소망이 교회에 의해 두 번이나 거부당한 일은 분명 깊은 고통을 주었을 것이다. 에밀리처럼 빈센트 역시 '성직자들의 하나님'을 거부하게 된 것은 별로 놀랍지 않다.[6] 그러나 그는 가난한 사람들의 삶 속에 계시는 하나님 혹은 다른 사람을 사랑하라고 가르치시는 하나님에 대한 의식은 잃어버리지 않았다. 그는 벨기에 광산에서 고역을 겪으면서 광부들의 얼굴을 그리기 시작했다. 그림 그리는 법을 제대로 배운 적은 없었지만, 그는 그림을 그리면서 연단에서 말하는 것보다 자신이 인간을 향해 느낀 연민을 시각적으로 더 심오하게 전달할 수 있음을 발견했다. 그는 이렇게 썼다. "나는 사람들을 사랑하는 것보다 더 진정으로 예술적인 것은 없다고 느낀다."[7]

빈센트에게 예술은 오직 촛불만으로도 모든 어두운 얼굴 뒤에 감추어진 발생적 순간을 포착할 수 있는 길이 되었다. 즉, 그에게 예술은 모든 순간의 잠재력을 일깨우고 인생의 분투를 그리스도의 임재의 빛 안에서 새롭게 보는 길이었다. 그의 회화는 캔버스와 물감이라는 몸을 입고 생성적으로 우리에게 온, 발생적 순간에 관한 색으로 채워진 비유다. 비극적 죽음을 맞이하기 전까지 빈센트는 그의 인생에서 단 3년의 시간을 그림에 쏟아부었고, 그를 유명하게 만든 작품들은 이제 전 세계 미술관에 소장되어 있다.

◇ ◇ ◇

빈센트의 유명한 "별이 빛나는 밤"(Starry Night)을 살펴보기 위해 시간을 할애하는 것은 '메악스타파'의 핵심으로 들어가는 여행이 될 수 있다. 그림의 배경은 프랑스 아를 지방이다. 그림의 정중앙에 보이는 흰색의 네덜란드 개혁주의 교회에 주목해 보라. 빈센트는 자신의 인생에 대한 비유를 창조하기 위해 어린 시절 보았던 교회 건물을 가져와 프랑스 풍경에 접붙였다.

교회를 손으로 가리면 그림이 시각적으로 무너진다. 수평면을 방해하면서 돌출해 있는 교회는 왼편에 두드러진 사이프러스 나무를 제외하면 유일한 수직 형태다. 나무와 교회는 하늘과 땅을 연결하는 두 가지 형태다. 사이프러스는 소용돌이치며 움직이기 때문에, 교회가 없으면 그림의 긴장을 유지해 주는 중심점이 사라져 버린다.[8]

또한 교회 주변의 집들이 따뜻한 불빛을 밝히고 있는 것에 주목해 보라. 그림에서 완전히 캄캄한 유일한 건물은 교회다. 여기에 빈센트의, 특히 그가 경계 스토커로서 던지는 현실에 대한 메시지가 들어 있다. 성령은 교회를, 적어도 교회 건물을 떠나셨지만 자연 안에서 여전히 일하고 계신다는 것이다. 그림의 시각적 흐름을 따라가다 보면, 눈은 여전히 교회 건물에 고정된 채 반복적으로 위를 향할 것이다. 시선은 오른쪽 위 모서리, 즉 해/달에서 멈출 것이다. 이는 단순히 달도 아니고 해도 아닌 그 둘의 조합이다. 빈센트는 하나님의 영이 자연조차 초월하심을 보여 주고 싶었다. 즉 부활에서, 새 땅과 새 하늘에서, 완전히 새로운 질서가 장차 올 것들을 형성할 것이다.

1888년 6월 23일, 빈센트는 자기보다 어린 예술가 에밀 베르나르(Émile Bernard)에게 편지를 썼다.

(그렇지만 아무것도 그와 대립되지 않는 것을 보면서) 셀 수 없이 무수한 다른 행성과 태양에 색만이 아니라 선과 형태가 있다고 가정할 때, 더 우수하고 변화된 존재의 조건, 즉 애벌레가 나비로 변하거나 유충이 왕풍뎅이로 변하는 것보다 더 기이하거나 놀랍지 않은

현상에 의해 변화된 존재라는 조건 아래 펼쳐질 회화의 가능성과 관련해서 우리가 어떤 평정심을 유지할 수 있다는 것은 칭찬받을 만한 일로 남을 거야.[9]

여러분과 나는 이제 곧 나비로 변할 애벌레다. 우리는 성경학자 N. T. 라이트(Wright)가 "'죽음 이후의 삶' **이후의 삶**'이라 부르는 부활 이후의 실재를 막 보려는 참이다.

  빈센트는 이러한 "더 우수하고 변화된 존재의 조건"을 이미 여기에 있되 아직은 완전하지 않은 것으로 그렸다. 그는 우리의 현재 조건과 미래의 변화된 발생적 조건 사이에 가교 역할을 하는 시각적 어휘를 발전시켰다. 그는 '메악스타파'로서 땅과 하늘 사이의 경계를 걸으면서 변화를 상상했고, 믿음으로 장차 올 세상을 그림으로 그렸다. 또한 그는 그가 직감하고 있던 세상, 즉 여전히 교회가 구조적으로 모든 것을 붙들고 있지만 이미 교회 건물에서는 빛이 사라져 버린 세상을 묘사했다.

10 별이 빛나는 밤, 우리의 소명

예술은 질문을 제기한다. 살아 있는 비유로써 우리의 삶을 면밀히 살핀다. 우리가 직시해야 할 한 가지 질문은 이것이다. **만약 빈센트가 옳다면 어떻게 해야 하는가?** 성령의 빛이 교회 건물을 떠나 대신 자연 속으로, 소용돌이 속에서 생명의 주변부로 들어갔다면 우리는 어떻게 해야 하는가? 교회가 단지 세상이 허물어지지 않게 지탱하는 윤리적 기반에 대한 죽은 구조적 기억에 불과한 것으로 여겨지는 문화에서 우리의 일은 무엇인가?

우리는 빈센트가 묘사했던 세상에 살고 있기 때문이다. 교회는 진리의 구조를 지켜 왔지만, 아름다움을 창조하는 일에서 성령과의 접촉점을 대체로 잃어버렸다. 교회는 더 이상 많은 사람이 아름다움의 창조자를 만나는 곳이 아니다. 내가 전에 다니던 교회의 팀 켈러(Tim Keller) 목사는 그리스도인들이 예수님을 구주로 영접하고 있긴 하지만 또한 그분을 우리의 창조주로도 영접해야 한다고 말한다.

신흥 세대가 교회에 소속되는 것에 관심이 없다는 사실이 많은 주목을 받았다. 가장 빠르게 성장하고 있는 교단이 '무교'라는 이야기도 있다. 이 젊은이들은 교파주의에 별 흥미를 보이지 않지만, 예수님이나 영적인 삶까지 완전히 포기한 것 같지는 않다. 그들은 정의를 추구하고 환경을 돌보는 일에 우리 세대보다 더 많이 투자한다. 아마도 젊은 세대의 많은 이들이 '메악스타파' 즉 경계와 주변부의 예술가가 되고 있는 것 같다.

쓸모 있거나 가치 있거나?

최근 들어 예술은 경제에 유용하다고 여겨져 왔지만, 이러한 태도는 분명 왜 문화를 돌봐야 하는지에 관한 핵심을 놓치고 있다. 경제적 척도에 근거하여 예술을 평가하는 것은 실용성을 최종 목적으로 만들고, 마땅히 되어야 할 세상의 모습에 대한 우리의 비전을 왜곡시킨다.

실리적 실용주의는 초월성을 제거한 비전을 품은 세상과 연결되어 있다. 현대 이전의 서구에서 기독교 세계의 서사는 인류의 완전한 번영이 '최종 목적'인 비전을 세상에 제공했다. 그러한 비전이 부족한 우리는 지금 당장 가치가 없다면 무엇이라도 혹은 누구라도 폐기될 수 있는 현실에 익숙해졌다.

내가 암묵적으로 생각하던 바를 드러내 보인 주디의 돌봄에 내가 보였던 반응처럼, 때로 우리의 반응은 우리가 무의식적으로 아름다움과 번영 대신 실용성과 파편화를 선택해 왔음을 깨닫게 해 준다. 종종 처음 의도, 즉 실용적이고 책임감 있는 의사 결정은 합당한 것이다. 다가오는 주말 동안 먹을 음식을 챙기는 것은 선한 일이다. 그러나 그게 우리의 '제일 되는 목적'(웨스트민스터 소요리문답의 유명한 표현대로)은 아니다. 단순히 인간으로서, 더 나아가 그리스도를 따르는 자로서 우리가 받은 소명은 우리의 직업이나 생존의 문제보다 더 넓으며, 이는 현대 세계에서도 마찬가지다.

실리주의적 사고는 종종 위장을 하지만, 일단 그것이 우리 안으로 들어오도록 허락한다면 평생토록 올가미가 될 수도 있다. 대학을 예로 들어 보자. 우리 대부분은 실용주의자로서 대학을 4년 동안 시간과 등록금을 지불하는 대신 보수가 좋은 직업을 얻게 해 주는 일종의 거래를 위한 기관으로 간주해 왔다. 부모는 자녀에게 인문학보다는 뭔가 '쓸모 있는' 것을 전공하라고 충고하고, 종종 그러지 않으면 경제적 지원을 하지 않겠다고 위협한다. 지속 가능한 직업을 바라는 것은 훌륭하지만, 그러한 훈계는 교육의 질뿐 아니라 우리의 인간성을 저하시킨다. 유용한 학위를 받으려는 실용적 목표는 도그마로 굳어질 수 있고, 더 나쁘게는 이미 의심 없이 받아들여지는 가정, 즉 우리는 쓸모가 있을 때에만 가치 있다는 생각을 재확인해 준다.

이것이 유용성을 가장 높은 덕목으로 여기는 문화에서 살 때 받는 영향 중 하나다. 우리는 너무 쉽게 회사든 가족이든 공동체든 혹은 심지어 교회든, 전체를 위해 쓸모가 있을 때에만 인간이나 인간의 수고를 가치 있게 여기는 경향이 있다. 그러면 이 기준을 만족시키지 못하는 개인은 '타자'가 된다. 더 나아가 그들은 그들의 역할 즉 '정상' 세계에서 추방당한다. 장애인, 피억압자나 노약자, 목소리를 가지지 못한 사람들은 이내 암암리에 쓸모없는 존재가 되고, 그다음에는 폐기해도 된다고 여겨진다.

일부 집단이 노인이나 장애인에게 '죽을 권리'를 허용하는 것을 추진하고, 많은 이들이 다운 증후군을 가진 태아를 지우라는 철학자 피터 싱어(Peter Singer)와 무신론 전도자 리처드 도킨스(Richard Dawkins)의 주장에 흔쾌히 동의하는 것은 별로 놀랍지 않다. 그러한 주장은, 우리가 자원이 제한된 물질주의 세계 안에 갇혀 있고 따라서 쓸모없다고 여겨지는 이들이 정상인을 위해 필요한 자원을 차지하고 있다는 식의 독단을 허용할 때에만 논리가 성립한다고 말하는 것만으로도 충분할 것이다. 그런 식의 세상에 대한 믿음은 주제넘게 자신들이 인류나 환경을 대변한다고 생각하는 이들에 의해 움직이는 획일성, 조종, 통제의 실리주의 기계를 낳는다. 그러나 그러한 모델에서는 우리 중 많은 수가, 혹은 아마도 우리 모두가 어떤 수준에서는 쓸모없는 존재로 간주될 것이다.

실용성 너머로 부름받다

문화 돌봄의 가치는 물질주의를 훨씬 뛰어넘어 사랑이라는 인간의 궁극적 가치와 맞닿아 있다. 즉, 그 가치는 생성적 현실을 향해 있다. 예술가는 아름다움, 기쁨, 경이감이 우리가 가졌다고 추정되는 자원 너머에 놓여 있음을 본능적으로 알고, 따라서 종종 우리의 제한적이고 왜곡된 비전을 주목하게 하는 내부 고발자가 된다. 그들의 직관력은 자연의 닫힌 경계를 넘어 도전적이고 즐겁게 존재의 신비 안으로 들어가는 음악, 미술, 춤, 시를 탄생시킨다. 예술적 표현은 온전하게 인간이 된다는 것이 무엇인지를 선언하는 이정표다.

예술은 궁극적으로 '쓸모'가 없다. 어떠한 실제적 기능도 하지 않는다. 바로 이 이유 때문에 예술은 특히 현대 사회에 없어서는 안 된다. 데이나 지오이아는 다음과 같이 바르게 말한다. "우리는 더 많은 예술가를 생산하고자 예술 교육을 하는 것이 아니다. 그것이 예술 교육의 부산물이기는 하지만 말이다. 예술 교육의 진정한 목적은 자유로운 사회에서 성공적이고 생산적인 삶을 주도하는 온전한 인간을 만드는 것이다."[1] 우리가 예술 교육을 하는 이유는 더 나은 교사, 의사, 엔지니어, 엄마와 아빠를 만들기 위함이다. 예술은 사치가 아닌 번영을 향해 온전한 인간을 교육하는 방법이다. 예술이 필요한 이유를 간단히 말하면 예술 없는 문명은 문명이 아니기 때문이다. 위대한 문명은 가장 고차원적 체계의 예술 형식이다.

사업, 교육, 심지어 예술 '산업'은 (때로 부지중에) 실리적 사고에 의해 주도된다. 심지어 오늘날 **소명**을 정의할 때에 우리는 종종 실용주의에 굴복한다. 나는 교회 지도자들이, 만약 당신의 재능을 위한 청중을 발견할 기회가 없다면 그것이 당신이 그 분야로 부름 받지 않았다는 신호라고 말하는 것을 종종 들었다. 그들은 세상의 '필요'에 반응하라고 충고한다. 에밀리와 빈센트가 그러한 실용주의적 충고를 따랐더라면 오늘날 우리는 그들의 예술을 누리지 못했을 것이다. 두 사람 모두 일생 동안 자신의 예술을 위한 청중을 발견하지 못했지만, 그들은 정말로 그들의 예술로 부름받은 이들이었고 우리는 그 여정으로부터 배울 것이 너무 많다. 그들의 장래성이 실현되지 못했다는 것 때문에라도 특히 그렇다.

'메악스타파'는 주변부로, 전통 부족과 미지의 존재 사이를 오가며 경계를 걷는 일로 **부름**받았다. 빈센트와 에밀리는 그들 자신의 내적 나침반에 반응하여, 즉 창조해야만 하는 필요의 긴급성에 반응하여 창조했다. 두 사람 모두 상당히 의식적으로 '메악스타파'의 절대적 대가이신 예수님을 따랐다. 그들은 그저 다른 어떤 길도 따를 수 없었던 것이다.

예술가는 비현실적이라는 잘못된 딱지가 종종 붙는데, 이는 문화적 현실이 사회 안에서 분명하게 드러나기 전에 그들의 직관력이 먼저 이를 인지하기 때문이다. 분명 에밀리와 빈센트는 그들의 문화가 진정 필요로 하는 것이 무엇인지 보았다. 그들은 그들의 예술 안에서 말씀하시고 발흥하던 현대 사회의 분열된 부족 단위의 현실을 보여 주시는 성령의 인도하심을 받았고, 선지자적 언어로 화해를 말함으로써 거기에 응답했다.

에밀리와 빈센트는 일생 동안 이미 설정된 범주, 어떻게 하나님을 섬겨야 하는지에 대해 엄격하게 제한된 영역 안에서만 작업하라는 압력을 받았다. 종종 최선의 의도로 만들어지는 것임에도 불구하고, 그러한 범주는 여전히 환원주의적이다. 그것은 하나님을 보는 시각은 물론이고 인간성을 보는 우리의 시각을 제한하며, 자주 '메악스타파' 여정의 일부인 신앙과의 깊은 씨름 혹은 그러한 씨름의 결핍을 중요하게 고려하지 않는다. 예술가들은 종종 실용주의적 딱지가 틀렸음을 입증하며 범주화에 내재된 비인간화와 분열에 맞서 날을 세운다. 그런 의미에서 모든 예술가는 우리를 풍요와 복잡성의 세계로 안내하는 '메악스타파'다.

젊은 예술가들은 종종 나에게 그들의 예술이 '충분히 훌륭한지', 그들이 예술가로 부름받았는지 아닌지를 묻는다. 나는 이렇게 대답한다. "스스로 확신이 서지 않는다면 부름받지 않은 거야." 이런 답은 혹독하게 들릴지 모르지만, 예술의 실재는 다른 사람들이 어떻게 생각하는지 심지어 우리가 자신을 어떻게 생각하는지에 상관없이 우리의 소명을 따르기를 요구한다. 단순히 자신에게 진실하기 위해 꼭 해야만 하는 일일 때에라야 예술은 당신의 소명이다.

에밀리와 빈센트, 그리고 그들의 예술이 소외를 당한 것은 놀랍지 않다. 그들이 살았던 시대의 문화적 압박을 고려할 때, 두 사람 모두 그러한 추방된 존재로 사는 것만이 자신의 인간성에 계속 충실할 수 있는 유일한 길임을 직관적으로 알았기 때문이다. 그러나 한 세기보다 더 긴 시간이 흘렀음에도 불구하고, 추방된 존재였던 이 두 영혼은 우리의 심장이 갈망하는 것을 향해 호소력 있게 말한다. 에밀리의 시는 실용성에 맞서는 우리의 저항을 표현할 언어를 준다. 빈센트의 회화는 우리의 상처받고 비인간화된 영혼 안에 참 존재의 씨앗을 뿌리는 아름다움을 위한 비유를 제공한다. 그들의 작품은 상업적이고 이념적인 실익을 추구하는 실용주의적 동기를 위한 해독제, 문화의 강에 퍼진 독에 대한 치료제다. 그들은 우리의 죽어 가는 문화에 시들지 않는 꽃다발, 거부하고 싶지 않은 영속적 아름다움이라는 선물을 준다.

◦ ◦ ◦

모든 도전은 생성적 사고를 연습할 기회이자 두려움에 대해 충분히 생각할 기회일 뿐 아니라, 감추어졌으되 여전히 반짝이고 있는 빛을 추구할 기회다. 시편 기자는 "하늘은 하나님의 영광을 드러[낸다]"고 말한다(시 19:1). 만약 교회가 어둡다면, 아마도 우리는 성령께서 어디로 움직이시는지에 초점을 맞추고 색이 가장 강렬한 곳이 어디인지에 관심을 기울여야 할 것이다. 복음의 실재는 우리가 교회 안에서 행하는 것만이 아니라 자연과 모든 인간의 창조성 안에 이미 분명하게 드러난 하나님의 임재에 대해서도 말한다.

교회가 어두워진 것처럼 보이는 세상에서, 우리는 그저 '주일' 신앙을 지키면서 마치 그리스도께서 일주일의 나머지 시간에는 계시지 않는 것처럼 살 수는 없다. 우리는 가장 어두운 곳에서, 심지어 우리가 하나님께 특히 숨기고 싶은 영역에서도 은혜의 임재를 인정할 필요가 있다. 주로 개인적 삶과 교회의 환경에서만 하나님에 대해 말하는 대신, 우리는 하나님을 빛을 비추는 모든 생명의 원천으로 선포해야 한다. 우리는 교사, 간호사, 엔지니어, 예술가, 작가로서의 소명이 위치한 바로 그 구조 안에서 하나님을 발견해야 한다. 우리는 우리의 직업을 하나님이 이미 성령의 썩지 않는 얼굴을 분명히 드러내신 영광스러운 실재의 일부로 보아야 한다.

교회는 건물이 아니라 하나님이 깊은 생명으로 그리고 그분과의 영원한 사귐으로 부르고 계시는 사람들의 연합된 영혼들이다. 정치인이든 무용가든 기업가든 배관공이든, 우리는 우리의 복잡한 실존이라는 별이 빛나는 밤 안으로 들어가도록 부름받았고, 또한 우리의 21세기 풍경의 더 어두운 신비 안으로 소용돌이치며 들어가고 있다. "하늘은 하나님의 영광을 드러[내기]" 때문에, 우리는 진리와 정의의 향기로운 횃불이 되어 제도의 담장 너머로 아름다움의 향기를 전해야 한다. 또한 우리는 우리의 작은 제물을 어두워진 교회의 제단으로 불 켜진 촛불처럼 들고 들어올 수도 있다. 건물이 어두울수록 그러한 작은 섬김의 행위들은 더욱 두드러져 보일 것이다.

우리는 빈센트가 했던 것처럼, 즉 자기를 거부한 세상을 사랑하고 빛이 없는 유일한 건물인 교회 안에서 편안함을 느끼기를 갈망했던 것처럼, 사랑 안에서 창조하면서 그리스도의 부르심을 따를 수 있다. 세상의 빛이신 그리스도는 궁극의 '메악스타파'이자 목자-예술가로서, 부족으로 살아가는 우리 실존의 경계를 걷고 계시고 이미 여기에 있지만 아직 오지 않은 새로운 부족으로부터 복음의 빛을 가져오고 계신다. 그리스도의 빛은 모든 어둠을 뚫고 빛날 것이며 소멸되지 않을 것이다.

◇ ◇ ◇

20세기 서구 기독교는 기독교 음악, 기독교 예술, 기독교 배관공 등 '형용사'적 존재로 전락했다. 심지어 오늘날 예술가들은 교회를 위해 예술을 창조할 때에만, 혹은 적어도 '기독교 예술'을 할 때에만 교회 안에서 가치 있게 여겨진다. 우리는 인간을 실용적 목적을 위해 '사용'할 수 없듯이, 전도나 제자훈련을 위해 예술을 '사용'할 수 없다. 문화 돌봄은 그러한 딱지 붙이기에서 멀어지는 것을 의미한다. 이러한 용어들을 완전히 부정할 필요는 없지만, 이러한 범주가 그 자체로 모더니즘의 압력에 굴복하는 것임을 인식할 필요가 있다. 이는 실리적 실용주의에 대한 자발적 항복이며, 그러한 범주를 사용하는 것은 오직 무시와 무관심으로 이어질 뿐이다. 궁극적으로 이러한 용어는 삶의 모든 것에 그리스도의 임재를 퍼뜨려야 하는 우리의 임무를 약화시킨다.

나는 기독교 예술가가 아니다. 나는 그리스도인이며, 그렇다, 또한 예술가다. 나는 감히 내 삶 속에 드러난 그리스도의 강력한 임재를 형용사로 취급하지 않겠다. 나는 그리스도께서 나의 전부가 되시길 원한다. 빈센트 반 고흐는 기독교 예술가가 아니었지만 그리스도 안에서 하나님의 영광을 선포하는 천국을 그렸다. 에밀리 디킨슨은 기독교 시인이 아니었지만, 정직한 씨름을 거치며 언어의 날개를 단 그의 작품은 불의에 맞서는 아름다움의 통합된 비전으로써 모든 세상을 향해 말을 건다. 빈센트의 작품이 그랬고, 하퍼 리의 작품이 그랬으며, 머헬리아 잭슨의 작품이 그런 것처럼 말이다.

지금은 그리스도를 따르는 이들이 그리스도로 하여금 우리 삶의 명사가 되시도록 해야 할 때이며, 우리의 전 존재에서 그리스도의 광채와 신비가, 사람들을 끌어당기는 다함없는 그분의 아름다움이 화가의 물감처럼 배어 나오게 해야 할 시간이다. 지금은 성령을 따라 주변부로, 교회 문 밖으로 나아가야 할 때다.

11 문 열기

'메악스타파'를 안내하기 위해서, 즉 그들이 임무에 성공할 수 있도록 준비시키기 위해서는 어떤 종류의 틀이 필요한가?

최근 한 예술가 친구가 요한복음 10장에 나오는 목자와 양의 비유에서 예수님이 세상을 향해 문이 열려 있는 실재에 대해 말씀하시고, "나는 양이 드나드는 문이다"라고 하신 것을 언급했다(요 10:7). 열린 문은 양이 무리를 떠나 길을 잃을 수 있는 이유가 된다(눅 15장에서처럼). 목자의 임무는 양이 문을 통과해 그 너머로 나아갈 때 그들을 안내하고 가장 좋은 목초를 찾도록 도와주며 보호하는 것이다. 양들을 우리 안에 가둬 두는 게 아니다. 양 우리는 분명한 목적이 있지만, 만약 양이 상해로부터 안전하기 위해 항상 갇혀 지낸다면 선한 목자는 필요하지 않다.

그러나 예수님은 양 우리 안과 밖 모두에서의 안전을 약속하신다. "나는 문이다. 나를 통해 들어오는 사람은 누구나 보살핌을 받고 마음껏 드나들며 풀밭을 찾게 될 것이다"(요 10:9, 메시지). 여기서 '보살핌을 받고'라고 번역된 단어는(많은 번역본에는 '구원을 얻고'라고 되어 있다) 뭔가를 안전하고 해를 입지 않게 지키는 것, 길을 잃지 않게 해 주는 것, 또한 완전히 건강한 상태가 되도록 치료하고 치유하거나 회복시키는 것을 의미한다. 이 이미지에서 양은 나가고 들어오는(경계를 넘는 일이라고도 할 수 있을 것이다) 목적을 위해 확실히 안전해졌고, 그럼으로써 번성할 수 있다.

최근 수년 동안 많은 교회와 공동체는 이 점을 간과해 왔다. 양들이 더 넓은 세상으로부터 안전하도록 우리 안에만 머무르게 하기 위해 높은 장벽과 닫힌 문으로 견고한 부족 경계를 만들었다. 닫힌 문은 역설적이게도 푸른 목초지에서 스스로 풀을 뜯어야 하는 양들을 위해 별도의 수고와 비용을 들여 건조하고 묵은 사료(양 무리를 먹이는 데 필요한 '기독교'라는 형용사가 붙은 모든 것)를 우리 안으로 들여올 수밖에 없게 만든다.

그래서 생기 넘치는 어린 양들은 공동체의 규범에 순응하고 문화적으로 굶주리거나, 아니면 문화적 영양분을 공급받기 위해 울타리를 뛰어넘는 것 사이에서 선택의 기로에 선다. 지도자이자 부모인 우리는 그 대신 문을 열고 그들을 더 좋은 풀밭으로 안내하도록 부름받았다.

공동체로서 혹은 교회로서 우리는 기꺼이 그렇게 하려 하는가? 문을 여는 것은 통제력 상실을 받아들인다는 의미다. 우리의 자녀와 학생들을 특정한 위험에 노출한다는 의미다. 그들은 다른 무리와 섞일 것이고, 때로 우리는 다른 "아흔아홉 마리를 들에 두고" 길 잃은 한 마리를 찾아 나서야 할지도 모른다(눅 15:4). 우리는 변덕스러운 날씨와 맹수의 출현, 목자로서 우리 자신의 한계에 직면할 것이다. 그러나 선한 목자께서 우리와 함께 길을 가겠다고 약속하신다. 우리는 그분이 말씀하신 대로 하실 것을 신뢰할 것인가?

번성하기 위해서는 비단 경계를 걷는 사람뿐 아니라 양 우리 안에 있는 모두가 문을 "드나[들어야]" 한다. 만약 우리가 '메악스타파'를 그들의 도전적 역할 안에서 양육하고 훈련시킬 수 있다면, 타고난 재능을 가진 이 그룹은 날씨를 읽어 내고 우리에게 위험과 기회를 알려 주는 법을 배울 것이고, 그럼으로써 양 무리 전체가 외부의 문화 세상에서 길을 더 잘 찾을 수 있게 될 것이다.

씨제이

나의 둘째 아들 씨제이가 바로 그런 아이였다.[1] 그와 함께 뉴욕의 거리를 걷던 기억이 난다. 어린 나이였음에도, 씨제이는 노숙자나 길거리 낙서처럼 내가 무시하고 지나치던 것들에 주목했다. 그는 어려서부터 음악과 예술에 흥미를 보였고, 자주 스케이트보드를 타고 맨해튼 외곽으로 나오거나 브루클린까지 넘어가곤 했다(브루클린이 최신 유행하는 동네가 되기 한참 전이었다). 그는 '메악스타파'다.

자신도 쉽게 인정하겠지만, 씨제이는 아주 다채로운 10대 시절을 보냈다. 신앙과 교회 생활에 어려움을 겪었다. 10대의 일부 어두운 시기 동안에는 넘지 말아야 할 경계를 많이 넘기도 했고, 어느 순간에 나는 내 아들로서 그를 잃어버렸다는 두려움이 들기도 했다. 그 시절은 내 인생에서 부모로서 가장 힘든 시기였지만, 이 글을 쓰는 지금은 또한 그때를 가장 보람 있는 시기로 떠올린다. 이제 씨제이는 많은 면에서 '집으로 돌아왔다'고 할 수 있지만, 여전히 신앙과 예술의 문제를 두고 깊이 씨름하고 있다. 작곡 및 철학 학사 학위자인 그는 요즘 시애틀에서 '콜라주' 음악을 작곡하고 프로듀싱한다.

12살쯤, 씨제이는 이후 힙합 음악이라 알려지게 된 음악에 흥미가 생겼다. 씨제이가 자신이 흥미를 느끼는 것을 듣고 나에게 왔을 때, 주디와 나는 "마땅히 걸어야 할 그 길을 아이에게 가르[치기로]" 결정했다(잠 22:6; "**우리**의 생각에 마땅히 걸어야 할 그 길"이라는 의미가 아니다). 나는 그쪽 음악 세계에 관해서는 거의 아는 게 없었지만, 씨제이에게 우리와 공유하고 그것에 관해 함께 토론한다는 조건하에 어떤 음악을 들어도 좋다고 허락했다. (그의 형이나 여동생 역시 창조적 인간으로 자랐지만, 그 아이들에게는 똑같은 것이 허락되지 않았다. 그렇게 이른 나이에 허락된 것은 오직 씨제이뿐이었다.) 또한 컬럼비아 대학교에서 작곡 박사 과정 중에 있던 친구에게 토요일마다 우리 집에 와서 씨제이에게 음악 이론을 가르쳐 달라고 부탁했다.

뉴어크 슬럼가의 한 목사 친구에게도 떠오르는 뮤지션들을 추천해 줄 수 있는지 물었다. 그가 말해 준 이름 중 하나는 카네이 웨스트(Kanye West)였고, 다른 하나는 시카고 출신의 무명 가수였다. 나는 웨스트의 음악을 듣기 시작했고, 다음으로 에미넴(Eminem), 로린 힐(Lauryn Hill), 아웃캐스트(Outkast)를 들었다. 내 컴퓨터에서 그들의 많은 노래를 노골적인 버전으로 듣게 될 줄은 몰랐다. 나는 힙합과 그 라이프스타일, 그리고 그러한 예술 형식이 사용하는 언어 때문에 자주 고민에 빠졌다. 씨제이는 어릴 적부터 이러한 것들에 대해 나에게 경고하면서도, '노골적이지 않은'(non-explicit) 버전은 원곡의 힘과 호소력이 부족하다고 알려 주었다. 나는 그가 옳았음을 인정하게 되었다.

'메악스타파'로서 씨제이는 나를 힙합의 세계로 인도했고, 여전히 그렇게 하고 있다. 그가 대학에 진학했을 때, 씨제이와 그의 여자 친구는 대학 문화에 오직 두 가지 선택만 있음을 깨달았다. 전 과목 A학점을 받기 위한 도서관 문화 아니면 술로 스트레스를 푸는 사교 문화였다. 다른 대안은 없었다. 그래서 씨제이는 '뱅크웻'(Bankwet, 철자는 매번 다르게 썼다)이라 부르는 힙합/랩 공연, 시 낭독, 예술이 있는 금요일 밤 모임을 실험하기 시작했다. 그는 많은 창조적인 사람들에게 멘토 역할을 했고, 그들이 예술적 재능을 발전시킬 수 있도록 이끌었다. 연극과의 우수한 학생이던 그의 여자 친구는 졸업 논문으로 대학생들이 정말로 생각하고 고민하는 것들을 보여 주는 게릴라 연극 프로젝트를 하기 위해 자신이 맡을 수 있던 무대 공연의 역할을 포기했다.

주디와 내가 씨제이의 졸업식에 갔을 때, 그와 그의 친구들은 뱅크웻 그룹에 참여했던 모든 사람들을 자발적으로 모았다. 그들은 우리를 위해 공연했고 우리는 대학에서 보낸 그들의 시간을 함께 축하했다. 나는 이 창조적 그룹이 내가 이 대학에서 알았던 어떤 그룹보다 (문화적으로나 인종적으로나) 가장 큰 다양성을 띠고 있음을 깨닫고 기뻤다. 씨제이와 그의 친구들은 본능적으로 학교의 모든 '부족'을 하나로 모은 것이다.

나의 자녀들이 해 온 모든 결정이 나의 신앙이나 가치와 일치한다고 말한다면 사실이 아닐 것이다. 그러나 실제로 경계를 걷는 이들은 자주 관습을 얌전히 따르지 않는다. 그렇지만 그들은 더 심오한 가치를 고수하기에, 우리에게 부족의 규준 너머에 존재하는 가능성, 푸른 목초지를 보여 줄 수 있는 잠재력을 갖는다.

"내게는 다른 양들이 있다"

눈에 보이는 교회는 양 우리다.[2] 우리는 너무 오랫동안 문을 닫아 놓은 채 지내 왔고, 우리 중 일부, 특히 씨제이 같은 아이들은 문화적으로 굶주려야 했다. 문화의 들판을 탐험하고 거기서 풀을 뜯어 먹도록 안내해 줄 적절한 신학이 결핍되었기 때문이다. 우리는 성령께서 우리가 쌓아 놓은 담장 저 너머에서도 활동하고 계시며, 하나님은 그분과의 관계상에서 어느 지점에 있는지와 상관없이 모든 인간을 끊임없이 축복하신다는 것을 자주 상기할 필요가 있다.

생태계가 보이거나 보이지 않는 복잡한 상호작용과 상호의존성을 필연적으로 만들어 내듯, 문화 역시 대체로 마찬가지다. 즉, 하나님은 눈에 보이는 교회의 안과 밖 모두에서 우리를 위해 공급하신다. 하나님이 일반 은혜를 아낌없이 베푸심으로써, 즉 일반 은혜의 무조건성 안에서 성령은 더 넓은 문화에서도 활동하시고 양 우리 바깥의 풀을 푸르게 만들고 계신다. 성령의 인도하심을 통해, 또한 하나님의 사랑으로 우리의 삶을 채워 주심을 통해, 선한 목자께서는 문화의 저 멀리에서도 우리를 가장 좋은 풀밭으로 이끄실 수 있다.

마태복음 5:45에서 예수님은 하나님께서는 "악한 사람에게나 선한 사람에게나 똑같이 해를 떠오르게 하시고, 의로운 사람에게나 불의한 사람에게나 똑같이 비를 내려 주신다"고 말씀하신다. 이 구절은 그리스도인들에게 일반 은혜를 이해하는 신학적 근거로 종종 사용되지만, 이 주제에 대한 많은 논의는 이 구절이 예수님이 바로 직전에 하신 다음과 같은 말씀과 연결되어 있음을 간과한다. "'네 이웃을 사랑하고, 네 원수를 미워하여라' 하고 말한 것을 너희는 들었다. 그러나 나는 너희에게 말한다. 너희 원수를 사랑하고, 너희를 박해하는 사람을 위하여 기도하여라. 그래야만 너희가 하늘에 계신 너희 아버지의 자녀가 될 것이다"(마 5:43-45).

예수님을 따르고자 한다면 우리는 일반 은혜의 빛 아래에서 살기를 연습해야 하고, 따라서 실제로 우리의 원수를 어떻게 사랑해야 하는지 배워야 한다. 이 사랑은 성령께서 우리의 원수를 하나님 자신과 화해시키실 때 그들 역시 하나님의 교회, 그분의 양 떼가 될 수 있음을 인식하는 데서 시작한다. 현재 하나님의 원수인 사람도 하나님이 만드셨고 사랑하시는 피조물로 대해야 한다. 이 원수, 이 '타자'는 "이 우리에 속하지 않은" 예수님의 "다른 양들", 즉 그분이 이끌어 오겠다고 약속하신 양들 가운데 있다(요 10:16).

성령께서는 교회의 주변부에서 활동하시면서 사람들을 안으로 끌어들이고 계신다. 문을 닫고 있는 것은 우리의 양만 굶주리게 하는 것이 아니다. 이러한 안전 추구는 예수님의 다른 양들이 들어오는 것을 막는 장애물이다.

◊ ◊ ◊

　이러한 논지를 발전시켜 가면서, 문화 돌봄의 중심에 예수 그리스도의 복음과 그 완전한 깊이를 알고자 하는 나의 갈망이 놓여 있음을 깨달았다. '좋은 소식'이란 무엇인가? 현대적 가정이 내포하는 환원주의는 복음을 그리스도 안에서의 참된 생명, 끝없는 회복, 모든 것의 새 창조라는 성경 전체의 좋은 소식으로 보는 게 아니라, 오히려 불완전하게 만들고 실용적이고 부족적인 관심에만 한정되도록 했다.

　문화 돌봄은 하나님이 (그분의 예술 작품으로써) 창조 세계 **전체**와 (우리의 타락한 현실을 통해 구현된 하나님 자신의 이야기로써) 역사를 돌보신다는 것과, 우리 머리털 하나라도 혹은 우리의 여정 중 단 한 순간이라도 세심하게 관심을 기울이지 않으시는 것이 없음을 (눅 12:7) 강조한다. 문화 돌봄은 사람들과 그분 주변의 환경 및 문화를 돌보셨던 예수님을 우리 모두의 모델로 삼는다.

　문화 돌봄이라는 용어는 창조 세계 돌봄과 영혼 돌봄에서 나왔지만 내가 의도하는 청중의 범위는 기독교 공동체보다 넓다. 나는 아름다움을 갈망하는 사람들, 자기 삶에서 그리스도를 외적으로 표현할 필요를 아직 깨닫지 못했을 수 있는 사람들을 향해서도 말하고 싶다.

　애초에 내가 생성적 언어를 제안한 이유는 성령 충만한 삶을 가시적 교회 바깥에 있는 사람들도 이해하고 공감할 수 있는 언어로 번역하기 위해서다. 교회를 경멸하는 많은 예술가조차 (나의 친구인 그들의 이름을 댈 수도 있다) 예수님에 대해 말하는 것을 좋아

한다. 나는 성령의 역사에 대해 그들에게 말할 수 있는 일반 언어를 찾고자 노력한다. 그러면 그들은 성령이라는 이름을 언급하지는 않더라도 그들의 작업실이나 리허설 장소나 시에서 자주 그분을 인식한다. 이러한 외부인들의 의견은 내가 문화 전반을 이해하는 데 아주 중요하다. 즉 그들은 이 양을 먹여 주는, 양 우리 바깥에 있는 풀밭이다.

◇ ◇ ◇

우리에게는 열린 문이 필요하다. 그러나 양 우리도 필요하다. 더 넓은 세상에서 능숙하게 살아가는 '메악스타파'에게도 그들을 반겨 주고 안전을 제공하는 양 우리는 중요하다. 경계를 걷는 이들에게는 견고한 기반과 돌아올 수 있는 안전한 장소가 필요하다. 포물선에 움직이게 해 주는 중심점이 필요하듯이. 포물선 운동이 더 넓고 강력할수록 중심 역시 더 견고해야 한다.[3]

건강한 공동체란 안정감 있고 전통과 신앙에 뿌리를 내린 곳인 동시에, 외부를 향한 역동적 움직임을 허락하고 예술가와 선교사, 돌봄을 제공하는 사람과 기업가를 파송하는 공동체다. 그러한 공동체는 무리로서 그들의 정체성에 집중하며 확신이 있는데, 이는 선한 목자께서 그들을 모으신 목적을 알기 때문이다. 그 목적이란 바로 더 넓은 세상을 섬기고 축복하고 변화시키는 것이다.

그러한 건강한 공동체는 어디에 있는가? 오늘날 그런 공동체가 하나라도 존재하는가? 앞으로 문화 돌봄의 여정 중 일부는 이러한 가치를 일구는 공동체 및 그룹을 식별하는 것이 될 것이다. 이를 통해 공동체가 어떤 곳이 되어야 하는지에 대한 가능성을 살짝 엿볼 수는 있겠지만, 분명 모든 공동체가 은혜의 부족으로 인해 혹은 주변부 사람들에 대한 돌봄의 부족으로 인해 어려움을 겪을 것이다. 그러므로 문화의 토양 상태를 고려하는 데서 시작해야 한다. 신중하게 분석하다 보면 건강한 것은 강화하고 생기를 저해하는 요소는 보완하는 전략을 수립할 수 있을 것이다.

12 문화의 토양 경작하기

최근 도시 밖으로 이사를 한 뒤 정원을 가꾸고 있다. 나는 초보 정원사이긴 하지만, 예술가로서 즉 일정 기간 동안 겹겹이 층을 쌓아 새로운 작품을 만들어 내는 느린 리듬의 니혼가라는 고전 예술을 하는 사람으로서, 내 작업이 정원을 위해 좋은 토양을 일구는 일과 매우 유사함을 알게 되었다.

손으로 흙을 다루다 보면 문화 돌봄에 대한 더 깊은 묵상으로 이어질 수 있다.

토양은 복합적 실재다. 우리 대부분은 토양이 죽은 동물과 식물, 곤충이 분해된 물질로 만들어진다는 사실에 그다지 신경 쓰지 않는다. 나는 오랜 시간 축적된, 본질적으로 여러 겹의 죽음 덩어리인 것 안에 씨앗을 심는다. 좋은 토양은 또한 정원사로서 우리가 바라는 다른 것들, 즉 씨앗이 활성화되기에 좋은 환경을 만들어 주는 미생물, 벌레, 영양분 등을 함유한다.

이러한 지식을 문화 전반에 적용해 보라. 문화도 과거의 '죽은'

사물들로 가득하다. 박물관은 그러한 폐기물을 저장하는 장소다. 물론 훌륭한 박물관은 그것들을 우리 시대의 맥락 안에서 되살아나게 하지만 말이다. 오늘날 예술과 상업의 빠르게 변화하는 시장은 문화적 죽음의 층을 더 두껍게 쌓고 있다. 과거의 사물이 박물관에서 다시 생명력을 얻는 것과는 다르게, 이제는 수백만의 문화 생산품이 인터넷 공간과 예술가들의 작업실에서 잠들거나 죽은 채 저장되어 있다는 것이 차이점이다.

그렇지만 봄을 위해서는 겨울이 필요함을, 즉 생명이 출현하기 위해 죽음은 필수적임을 가정한다면, 이 암울하고 고통스러운 시기는 아마도 새로워진 문화를 경작해 가는 필수 단계일 것이다. 시인 크리스천 위먼(Christian Wiman)이 표현하듯, "우리는 죽음 안에서 그리고 죽음에 의해 길들여진 감각 속에서 그리고 그러한 감각에 의해 살아간다."[1] 문화의 토양을 경작하는 일 즉 그 땅을 갈아엎고 쟁기질하는 일은 이전의 다양한 문화 생산품과 아이디어로 이루어진 지층 사이를 헐겁게 하고 그 안으로 공기가 들어가게 함으로써, 새로운 씨앗에 영양분을 공급하고 오랫동안 기다려 온 토양의 해빙기를 준비할 것이다. 예술(또한 우리 삶)의 씨앗이 그 안에 심기고 봄비가 내릴 때 문화는 다시 살아날 수 있다.

문화의 토양과 복음

훌륭한 토양은 정원의 필수 요소다. 예수님께서 마태복음 13장에서 씨 뿌리는 사람과 땅의 비유를 말씀하셨듯이, 씨앗이 아무리 훌룽해도(예수님의 씨앗은 완벽하게 순수하고 훌륭한 복음이다) 뿌리를 깊이 내리지 못하게 하는 토양에서는 열매를 맺을 수 없다.

그리스도인이 복음 즉 좋은 소식이라 부르는 것은 종종 창조, 타락, 구속, 회복으로 요약되는, 태초부터 영원까지 하나님이 행하시는 일에 관한 이야기를 포함한다. 이야기는 하나님의 선하고 아름답고 조건 없는 창조, 그리고 하나님이 "아주 좋다"고 선언하셨던 인간에게서 시작한다. 인간은 에덴에 대한 하나님의 목적에서 멀어져 갔고, 우리의 반역은 계속되는 파편화와 분열, 부패, 죽음을 가져왔다. 그분이 여전히 사랑하시는 피조물을 죽음에서 구속하시기 위해, 하나님은 이스라엘을 통해 인간 역사 안에서 행하셨고 이스라엘의 메시아이신 예수님 안에서 그분 자신이 우리에게 오셨다. 그리스도께서 약속대로 다시 오실 때, 우리는 창조 세계의 완전한 갱생과 모든 것의 회복, 즉 새 창조를 볼 것이다.

더 나아가 만약 그리스도인이 옳다면, 죽음을 이기신 그리스도의 능력은 지금도 살아 있다. 그 능력은 그리스도의 추종자들에게 생기를 불어넣는 성령을 통해 역사한다. 하늘의 깊은 생명이 땅을 새롭게 하고 있다. 지금도 우리는 부분적으로 하나님의 뜻이 땅에서도 이루어지는 것을 보기 시작하고 있다. 지금 우리는 하나님이 우리에게 그분의 창조적 목적에 참여하고 그분의 예술성을 확장하며 모든 종류의 무질서를 변화시키는 데 기여하라고 초대하시는, 보다 정확하게는 명령하시는 시대에 산다. 씨앗에 관해 말씀하실 때 예수님은 이러한 재통합 즉 성령을 통해 우리의 깨어짐 안으로 침투하고 있는 새로운 현실을 향해 말씀하고 계신다. 회복과 재창조는 가장 작은 것에서부터, 가장 일어날 것 같지 않은 시작에서부터 자라난다는 것이 하나님이 행하시는 일의 특징이다.

나는 하나님을 절대적인 예술가(Artist)로 보며, 타락했음에도 여전히 하나님의 형상을 지닌 우리는 작은 예술가(artist)라고 본다. 성경은 때로 깨어졌지만 창조적인 하나님의 사람들을 통해 하나님이 쓰신 책이다. 그 책은 우리의 세계관을 보정하고 우리를 하나님과 다시 연결해 준다. 오직 그때에야, 우리가 새 창조를 위한 하나님의 일에 이바지하는 역할을 창조적으로 그리고 정성껏 수행함에 따라 하나님의 능력이 우리를 통해 역사할 수 있다. 바로 그것이 우리가 지어진 목적이자 우리가 번영할 수 있는 방법의 일부다.

종종 '죽음의 문화'라 불리는 현재의 문화는 복음의 첫 두 요소(창조와 타락)를 가리키는 것들로 가득 차 있지만, 심지어 교회 안에서조차 하나님의 사랑 그리고 우리의 온전한 번영을 위한 그분의 계속되는 행하심을 포함하는 전체 이야기는 거의 보이지 않는다. 주변부에서 바라보는 시각을 지닌 예술가로서, 나는 교회가 중간의 두 요소(타락과 구속)는 자주 제시하지만 창조에서 시작하여 새 창조에서 끝나는 성경 전체의 이야기를 우리의 현재 삶과 공동체의 이야기에 거의 연결시키지 못함을 인식해 왔다. 우리는 종종 이 위대한 책을 규율을 기록한 책이나 천국에 가기 위한 체크리스트, 혹은 물질적 번영이나 개인적 안녕을 위한 안내서로 축소하고 오용한다. 많은 교회가 예술가 하나님을 우주의 전문 경영인 하나님으로 대체하고, 사업적 척도를 가지고 자신들이 그분의 '손익 계산서'를 만족시키는 데 '성공'했는지 여부를 평가한다.

따라서 기독교 공동체는 종종 프로그램으로 분주하지만, 도시 전체에 영향을 끼치고 모든 사람이 부를 수 있는 노래를 선사하는 선한 능력은 고사하고 중요하게 고려되어야 할 창조적 동력으로도 여겨지지 않는다. 그러나 우리가 함께 여행하는 다양한 사람들의 모임이 될수록, 수많은 차이에도 불구하고 서로를 진정으로 사랑하는 법을 배울수록, 우리는 하나님의 좋은 씨앗이 새로운 문화적 생명을 낳는 환경을 준비하는 일을 도울 수 있을 것이다.

나는 땅 비유에서 특별한 종류의 문화적 사역으로의 부르심을 발견한다. 씨앗이 가져오는 새로운 생명은 우리 능력으로 공급할 수 있는 것을 초월한다. 그러나 우리는 씨앗이 자라날 토양에 기여할 수 있고 기여해야만 하며, 우리의 노력은 씨앗이 결실하는 데 영향을 줄 수 있다. 따라서 문화 돌봄은 복음이 퍼져 갈 길을 준비한다.

땅을 갈아엎는 것은 하나님이 그토록 아낌없이 심으시는 복음의 씨앗을 위해 우리 자신과 우리의 문화를 준비하는 과정에서 할 수 있는 가장 중요한 일이다. 때로 아름다움은 바위처럼 단단한 확신조차 뚫고 들어갈 수 있으며, 깨어진 황무지 같은 세상 너머의 가능성에 주의를 기울이도록 우리를 준비시킬 수 있다. 주디의 꽃다발이 내 안에 존재하던 실용주의와 황무지 같던 비전을 드러내고 믿음과 번영을 향한 여정을 시작할 수 있게 해 주었던 것처럼 말이다. 거기에는 가시덤불, 즉 "세상의 염려와 재물의 유혹"이 존재한다. 예수님은 이런 것들이 좋은 씨앗과 경쟁함으로써 열매를 맺지 못하게 만든다고 경고하신다(마 13:22). 예술 및 다른 문화를 돌보는 일은 하나님의 씨앗이 지닌 생성적 잠재력이 완전히 펼쳐지게 함으로써 때로 그러한 잡초를 솎아 낼 수 있다.

번성하기 위한 토양

성경에 계시된 하나님은 아름다움이 흘러넘치는 창조 세계를 허락하셨다. 이 하나님의 특징은 실용성이 아닌 풍성한 사랑이다. 하나님은 자신의 피조물, 특히 그리스도 안에서 그분의 자녀가 된 이들 역시 창조적이고 생성적이기를 바라신다.

문화 돌봄의 정원사 일을 시작할 때, 우리는 지금 당장의 맥락을 뛰어넘어 생각하는 법을 배울 필요가 있다. 뒤뜰에 연못이 있는 사람은 더 큰 생태적 사안을 의식하지 않고 그저 한 수준에서 자기 연못에 대한 결정을 내릴 수 있다. 그 사람의 관심은 연못에 모기를 없애는 것이지만, 더 넓은 수준의 인식은 아주 중요하다. 윤리적으로 그는 모기를 죽이는 살충제가 더 넓은 생태계에 끼치는 영향에 대해 배울 책임이 있다. 관심의 영역을 넓히고 우리의 행동이 가져올 결과 혹은 영향력을 미리 예상해 보는 과정은 문화에도 동일하게 적용된다.

우리는 모든 정의나 접근에 동의하지는 않을 것이다. 민들레는 누군가에게는 잡초지만 다른 사람에게는 먹는 야채다. 그러나 우리의 사고방식에서 중요한 것은 문화에 대한 **돌봄**이다. 한 평의 땅을 애정을 가지고 사랑하면, 그것을 단지 거래할 상품으로 생각할 때와는 다르게 접근할 것이다. 두 이웃이 땅을 이용하는 방식에 의

견이 완전히 일치하지는 않더라도, 만약 정말로 자기 땅에 애정을 갖고 있다면 그들은 동일한 더 큰 목적, 즉 그들의 자녀와 후손이 그 땅을 누릴 수 있도록 남겨 주기 위해 노력할 수 있다. 방법은 약간 다를지 모르지만, 문화를 돌볼 때에도 동일하게 할 수 있다.

우리 시대의 진정한 선지자인 웬델 베리(Wendell Berry)는 창조 세계 돌봄에 관한 잡지에서 아브라함과 그의 후손, 즉 이스라엘 민족에게 약속되었던 땅에 대해 묵상하는 글을 썼다. 그러나 이 글은 농부의 토양뿐만 아니라 문화의 토양에도 적용할 수 있다.

> 약속된 땅에 관한 이야기의 어려움, 그러나 동시에 그 이야기의 놀라운 경이감은, 바로 거기서부터 인간의 약탈성이라는 태고의 또한 여전히 이어지고 있는 어두운 이야기에 한 줄기 빛이 동행하기 시작했고, 그 빛은 도저히 그럴 것 같지 않고 불명확할지라도 여전히 우리와 동행하고 있다는 것이다. 이 빛은 땅이 선물—무료로 주어지는 혹은 마땅히 받아야 할 선물이 아니라, 어떤 엄격한 조건 아래 주어지는 선물—이라는 생각에서 기인한다.[2]

베리가 능숙하게 우리를 지혜로운 청지기 역할로 안내하는 길에서 드러난 몇 가지 요소에 주목해 보자. 첫째, 문화 돌봄을 향한 여정을 걸을 때, 우리는 "인간의 약탈성이라는…어두운 이야기"와 마주하게 되리란 것을 인식해야 한다. 우리는 오직 잠재적 이득을 위해서만 문화를 가치 있게 여기는 사람들을 만날 수도 있다. 우리가 미래를 염려하는 것에 대한 무관심이나 심지어 적대감에 직면할

지도 모른다. 그러나 냉소주의에 빠지지만 않는다면, 베리가 지적했듯이 우리는 "한 줄기 빛"과 동행한다. 이를 다른 식으로 표현하면, 문화 창조자로서 우리에게 주어진 선물은 문화의 생성적 본질안에 있다. "엄격한 조건"이란 땅을 갈아엎는 적극적인 일을 포함한다. 토양의 조건이 좋다면 우리는 우리의 번성을 보게 될 것이다.

◇ ◇ ◇

나는 내가 사물을 다르게 보고 실재의 본질에 대해 심오한 질문을 던지도록 지어졌음을 깨닫고, 아주 어릴 때부터 예술가로서 나의 여정을 시작했다. 그러나 오늘날 나는 그림 그리는 것 이외에도 많은 일을 한다. 국제예술운동에 힘을 쏟기 시작했고, 이 운동의 교육적 요소의 핵심인 후지무라 연구소를 최근 열었다. 또한 세계에서 가장 규모가 큰 개신교 신학교 안에서도 문화의 청지기 역할을 하면서 예술가로서 작품 활동을 하는 이러한 노력을 확장하기 위해 브렘 센터의 디렉터 역할을 수락했다. 내가 이런 일들을 하는 것은 예술가로서 발돋움하고 경력이 쌓여 감에 따라 또 다른 깨달음에 이르렀기 때문이다. 곧 내가 심겨 있는 문화의 토양이 우리를 번성하게 하는 토양이 아니라는 사실이다. 예술이라는 선물은 고도로 상업화된 우리의 체계 안에서는 자랄 수 없다.

시인 루이스 하이드(Lewis Hyde)가 쓴 놀랄 만큼 통찰력 있는 책 『선물』(*The Gifts*)에서 이 문제를 설명하는 데 도움을 얻을 수 있다. 그는 서론에서 이렇게 쓴다.

이 책의 전제는 예술 작품이 상품이 아니라 선물이라는 것이다. 혹은 현대의 경우를 보다 엄밀하게 진술하자면, 예술 작품은 두 '경제' 안에 동시에 존재하는데, 곧 시장 경제와 선물 경제가 그것이다. 그러나 오직 이들 중 하나만이 본유적이다. 즉, 하나의 예술 작품은 시장 없이도 살아남을 수 있지만, 선물이 없는 곳에는 예술도 없다.[3]

하이드가 사용한 비유를 빌려서 사용해 보겠다. 서구인들이 북서 태평양에 도달하기 전에는 원주민들이 연어를 관리했다. 그들은 연어를 선물로 받아들였다. 필요한 양만 취했고 매년 연어가 더 많이 올 것이라 믿었다. 서구인들이 와서 초기 근대의 어업 방식을 도입하자 연어는 상품이 되었고, 연어 수가 급락한 후에야 사람들은 비로소 무제한적인 상업 세력으로부터 이 물고기 종을 보호해야 함을 깨달았다.

동일한 원칙이 예술에도 적용된다. 예술을 위한 이상적 조건에는 예술이 사회에 주어지는 선물이며 어떤 보호가 필요하다는 공동의 인식이 포함된다. 예술은 자본주의 논쟁에서 특수한 예외 사항이다. 예술가가 자신의 예술을 팔거나 후원가가 미술 작품을 구입하는 일이 전혀 잘못은 아니지만, 우리는 예술이 일차적으로 선물 경제의 구역에 속한다는 것과 문화의 강물에서 헤엄치는 예술가들이 문화에 공헌하는 바가 지속되거나 때로 그들 자신의 생존이 보장되려면 그들을 시장 세력으로부터 보호할 필요가 있음을 인식해야 한다.

허드슨강의 경우처럼, 최근 수십 년간 우리는 자연 환경을 돌보는 일이 얼마나 놀라운 회복을 가져오는지 목격했다. 자연은 자체의 생성적 능력이 있고, 자연의 그러한 자정 능력은 인간의 청지기 역할을 몇 배로 증대시킬 수 있다. 나는 문화에는 더 큰 회복 능력이 있다고 믿는데, 인간의 타고난 재능은 본성상 이미 생성적이기 때문이다. 또한 인간의 창조적 재능은 강력한 치유 능력이 있으며 생성적이므로, 가장 큰 적을 화해시킬 수도 있고 가장 넓은 골을 이어 줄 수도 있다.

아름다움과 진리, 선을 추구하는 예술가만으로는 충분하지 않다. 아름답고 진실하며 선으로 가득한 문화의 장기적 육성을 촉진할 교회와 정책과 공동체가 있어야 한다.

문화 돌봄을 통해 우리는 문화의 비닐하우스나 정원과 같은 일련의 모델을 시작할 필요가 있다. 그것은 예술가들이 번성할 수 있는 조건, 선물로서의 예술의 역할이 인정되고 가치 있게 여겨지는 조건하에 그들이 작업할 수 있는 환경이다. 우리에게는 토양을 기경하는 훌륭한 정원사들이 있는 알맞은 유형의 보호받는 무대가 필요하다.

그러한 창조적 소세계에 대해 생각하면서, 우리에게 필요한 것을 표현하는 데 비닐하우스 이미지가 충분히 강력하지 않음을 알게 되었다. 비닐하우스는 토양과 작물을 날씨로부터 지켜 주는, 강력하게 보호받는 환경을 함축한다. 또한 자원이 집중적으로 공급되는 곳이며 습도와 온도 및 다른 요인이 세심하게 조절되어야 한다. 그 생산물은 아주 먹음직스러워 보이겠지만, 야외에서 자란 작물과 비교하면 종종 맛이 덜하다. 정원 개념이 더 낫다. 정원은 바람과 비에 노출된 동시에 담장이 있고, 제한된 범위나 청중만을 허락하는 계획된 공간이다. 그러나 예술가를 위한 이상적 조건을 창조하고자 할 때, 비닐하우스와 정원 개념은 둘 다 보호를 강조하기 위해 사회를 위한 선물이라는 측면을 희생하는 것처럼 보인다.

이 두 모델은 건조하거나 유독한 기후, 혹은 너무 추운 계절 동안 새로운 예술가들이 뿌리를 내릴 수 있게 하는 데는 적절하겠지만, 비닐하우스 안에서 너무 긴 시간을 보내면 지속 가능하고 생성적인 작업에는 역효과가 난다. 예술가를 위한 정원이나 비닐하우스 같은 환경을 조성하는 것은 '그리스도인이 생산한 예술'보다는 '기독교 예술'을 초래할 가능성이 훨씬 크지 않을까 하는 의구심이 든다. 더 나아가, 이미 담장을 넘을 준비가 된 거침없는 젊은 '메악스타파'들에게 그런 공간이 얼마나 매력이 없을지는 누구든 예상할 수 있다.

자연에서 가장 생성적인 장소는 어딜까? 예술가와 문화를 형성하는 사람을 위해 합리적 수준의 보호 및 돌봄뿐 아니라 더 넓은 사회와의 지속적 접촉을 가능하게 해 주는, 우리가 모방할 만한 자연적 서식지가 존재하는가? 그렇다. 문화 돌봄은 과연 참여자들이 인내력과 회복력을 키우고 더 넓은 문화에서의 생성적 참여와 경쟁을 준비할 수 있을 만큼 충분히 도전적인 모델을 육성할 수 있을까? 그래야만 한다.

13 문화의 하구

복잡하게 얽혀 있는 뉴욕시 주변의 모든 수로와 마찬가지로, 허드슨강 역시 많은 부분이 하구다. 하구에서는 염수와 담수가 혼합되고, 복합적 생태층과 서식지 등이 한데 모여 세상에서 가장 다양하고 풍요로운 생태계 가운데 하나를 형성한다.

이 풍요로움은 정교하게 균형 잡히고 종종 혹독한 환경에서 나온다. 최근 한 환경 학자가 말하길, 활성화된 하구에는 거머리말이나 굴 군락지처럼 여러 단일 집단이 있지만 이 모든 집단들이 서로 접촉하고 종종 경쟁하기 때문에 궁극적으로는 혼성적이라고 했다. 그리고 각 집단은 강물과 조수의 상호작용에 따라 다양하게 변하는 염분 및 침전물의 양을 비롯한 하구 시스템의 주기적 변동에 종속되어 있다.

하구는 많은 종들에게 완충 지역을 제공한다. 예를 들어, 하구는 어린 연어나 줄무늬 농어, 혹은 부화한 뒤 하류로 내려오는 다른 물고기들이 자랄 수 있는 중요한 공간이다. 이 물고기들은 성장하는 결정적 시기 동안 어느 정도 보호받는 하구의 습지에 살면서 이후 바다에서의 삶을 준비할 수 있다.

굴은 하구에 번성하는 많은 종 가운데 눈에 띄는 생물이다. 굴은 먹이인 플랑크톤과 박테리아를 얻기 위해 물을 여과하는데, 이 과정은 주변 생태계의 건강과 종 다양성을 위해 아주 중요하고 다양한 역할을 한다. 이 작은 생물은 서식지의 물을 정화하는 데 놀라울 만큼 효과적이다. 심지어 그 과정에서 어떤 오염 물질을 진주로 변형시키기도 한다. 그러나 정화 과정에서 도리어 굴을 오염시키는 오염 물질도 있다. 자연 정화기로서의 역할과 다 자라면 움직이지 않는다는 사실로 인해, 굴은 '광산의 카나리아'처럼 그들이 속한 생태계의 지표종이다.

뉴욕항의 아주 풍요로운 굴 군락지 때문에, 1800년대 후반까지만 해도 뉴욕은 세계적인 굴 중심지로 알려져 있었다. 그러나 1900년대 초, 오염 물질과 정화되지 않은 하수가 그곳으로 배출되면서 유명했던 굴 군락지는 급격하게 훼손되었다. 2012년 허리케인 샌디가 몰고 온 폭풍우가 뉴욕 시민들을 놀라게 했을 때, 홍수가 30번까지 차올라 첼시 예술 구역의 많은 예술 작품이 훼손되었다. 만일 굴 군락지가 온전했다면 그것이 형성했을 자연 방파제가 폭풍우 피해를 완화시켰을 거라는 분석이 나왔고, 따라서 굴 군락지 복원이 태풍 이후의 대응책 중 하나로 고려되었다. 나도 그날의 침수로 인해 첼시 서부의 딜런 갤러리에 보관하던 소중한 작품 53점을 잃었다. 섭리였는지, 나는 그 주 화요일에 새 작품들을 그곳으로 운송하려던 차였다. 아이러니하게도 그 작품 시리즈의 제목은 "물 위에서 걷다"였다. 다행히 이 새 작품들은 프린스턴 작업실에서 안전했다. 과연 굴 군락지는 예기치 못했고 많은 수가 끝내 회복하지 못한 첼시 화랑들의 그러한 소멸을 예방해 주었을까?

◇ ◇ ◇

하구는 문화 돌봄의 핵심 모델이다. 우리는 문화의 강을 하구로, 즉 역동적 영향 관계와 지류의 다중성을 지닌 복합적 체계로 생각할 수 있다. 그 안에는 영양을 공급해 주지만 고립적이지 않은 수많은 서식지가 존재한다. 그러한 서식지의 목적은 **보호보다는 준비**다. 개별 서식지들은 참여자들이 더 넓은 환경과 상호작용할 수 있도록 그들을 강화하면서, 진정한 경쟁을 하기에 충분할 만큼의 건강한 다양성을 만들어 낸다. 서식지들이 서로 연결되면 더 거센 물살에 노출되고, 이는 거기 속한 참여자들에게 헤엄치는 근육을 강화하거나 뿌리를 더 깊이 내리도록 압력을 가하며, 더 넓은 문화 생태계 전반의 번영을 위해 그들을 강화한다.

이러한 틀 안에서 문화 공동체를 이해하면 엄격한 범주화와 융통성 없는 프로그램 편성이라는 압력을 낮추고 다양한 이들을 더 잘 섬길 수 있다. 일부 예술가 및 창조적 촉매자들은 문화의 하구에 깊이 뿌리내리고 그들 주변의 삶을 더 나아지게 만드는 굴이라고 볼 수 있다. 그 밖의 다른 사람들은 바다로 나가거나 물결을 거슬러 오르는 삶을 살기 전 오직 일정 기간 동안만 영양을 공급하는 서식지에서 시간을 보내는 연어와 더 닮았다. 이곳을 통과해 지나가는 이들 중 일부는 하구로 돌아오겠지만, 다른 일부는 돌아오지 않을 것이다.

각기 다른 부르심은 각기 다른 서식지와 다른 종류의 돌봄을 필요로 한다는 것이 핵심이다. 즉 단일한 의제나 프로그램이 모두를 도울 수는 없지만, 그들 모두는 하구와 더 넓은 환경의 번영에 이바지할 수 있다. 이러한 하구 모델에서 보면, 문화 돌봄은 문화의 흐름에 반응하여 활기찬 다양성과 건강하지만 엄격한 경쟁이라는 조건을 갖추면 가장 잘 이루어질 수 있다. 진정한 다양성은 공동의 삶이라는 맥락 안에서 단순 관용을 넘어 다른 이들에 대한 존중으로 나아간다. 자연의 하구가 지극히 섬세한 것처럼, 우리 역시 전체 시스템을 돌보고 다양한 방식의 기여를 존중하는 청지기 역할을 위한 거시적 비전이 필요하다.

주변의 물을 여과하고 그 부산물로 오염 물질을 빛나는 진주로 바꾸어 내는 굴의 작용은 다양한 생태계가 지속 가능성을 향하여 재생될 수 있는 방법의 일부다. 그러나 아름다움은 부산물 이상이다. 그리고 문화는 단순히 지속 가능한 것 이상이다. 즉 문화는 본성적으로 생성적이다. 예술가와 창조적 촉매자가 함께 모인다면, 인간성을 침식하는 실용주의와 상업화의 물결을 막는 방파제나 방조제 역할을 하는 더 큰 구조에 이바지할 수 있을 것이다.

역사에서 그러한 문화의 하구를 보여 준 예들이 있다. 차(茶)에 대한 독특한 비전을 지녔던 센노 리큐(千利休)를 비롯하여 수많은 예술 형식이 생산된 16세기 일본은 봉건제 문제로 씨름하던 땅에 포르투갈과 이탈리아 선교사가 들어옴으로써 환상적인 문화적 하구가 되었다. 20세기 초 국외의 위협과 미국 남부의 갈등을 피해 망명자들이 모여든 뉴욕은 여러 영향력들이 혼합되었고, 이는 추상 표현주의와 할렘가의 르네상스를 탄생시켰다. 오스만 제국의 침략으로 이슬람과 아시아의 혼합 문화가 서구와 접촉했던 르네상스 이전의 유럽이 또 다른 예이며, 18, 19세기 파리의 살롱 역시 마찬가지다.

이 책은 이러한 예를 식별하고 그로부터 배우도록 가리켜 보일 뿐이지만, 사회과학자와 역사가들이 함께 문화 돌봄에 적용할 수 있는 교훈을 얻으려고 그러한 과거의 예를 연구한다면 가치 있는 여정이 될 것이다. 질문할 만한 물음 중에는 다음과 같은 것들이 있다. 개인적이고 집단적인 성장의 각기 다른 단계마다 어느 정도의 문화적 완충 작용 및 노출이 도움이 되는가? 우리는 문화적 오염 물질의 여과를 돕는 '굴'들을 건강하게 지킬 수 있는 방법을 찾을 수 있는가? 유사한 서식지 간에 어떤 관계를 맺는 것이 유익한가? 어떤 비판적 대중이 생성적 서식지에 기여하는가?

◇ ◇ ◇

역사의 예를 통해 우리가 하려는 일을 이해한다면, 오늘날 우리는 어떤 일부터 시작할 수 있을까? 문화 돌봄은 매일의 삶에서 생성적 실천을 통해 시작된다. 우리는 다양성으로 풍요로운 각각의 문화적 하구, 창조적인 사람들이 통로로 삼아 여행할 수 있는 안전한 항구가 되어 주는 문화의 하구를 만들 필요가 있다. 생성적 실천은 생성적 원칙에서 자란다. 우리의 공동체는 다른 방식으로 표현되는 리더십과 현재의 문화적 흐름 안에서 우리를 안내해 줄 비전에 열려 있는가? 우리는 더 넓은 문화의 풀밭을 향해 문을 열 수 있을 만큼 우리의 정체성에 충분히 확신이 있는가? 우리는 성장을 위해 우리의 토양을 계속 경작하고 있는가?

경계를 걷는 사람에 대한 논의로 돌아가 보자. 가장 큰 잠재력이 있는 '메악스타파'는 그 공동체가 아무리 닫혀 있거나 유대감으로 묶여 있다 할지라도 공동체 안에서 시작한다. 만약 에밀리 디킨슨이 남과 다른 자신만의 길을 인정받았다면, 거의 한 세기가 지난 후에야 그의 시에 쏟아진 후원을 살아 있는 동안 받을 수 있었다면 어떤 일이 일어났을까? 만약 빈센트 반 고흐가 자신의 창조성을 추구할 수 있는 안전한 환경을 교회 안에서 찾을 수 있었다면?

이러한 공상적 질문에 정확하게 답할 수는 없다. 이 두 예술가의 삶과 그들이 내린 결정들의 맥락은 여러 가능성의 복합적 그물망으로 엮여 있기 때문이다. 그러나 우리의 교회나 공동체 안에 빈센트나 에밀리, 혹은 씨제이 같은 이들이 있을 때 우리가 실제적으로 어떤 일을 해야 할까 하고 질문할 때, 그들의 예는 분명 숙고할 가치가 있다. 예술가들이 일탈적으로 행동하기보다 생성적으로 행동할 수 있도록 어떻게 그들을 지원할 것인가? 여기서 우리가 보일 수 있는 첫 번째 반응을 간략하게 제시해 보자면, 우리는 그들을 우리의 대리인으로 임명한 뒤, 그들을 형성하고, 훈련하고, 임무를 주고, 후원할 수 있다.

먼저 우리는 잠재적 '메악스타파'를 우리의 대리인으로 임명할 수 있다. 공동체 전체에게 이 역할에 대해 가르치면, 공동체는 잠재적인 경계 스토커가 공동체 안에서 성장하거나 공동체 안으로 들어올 때 그들을 알아볼 수 있다. 성장 단계에서 그들을 좀더 일찍 알아볼 수 있다면, 그들이 우리의 평범하고 편안한 범주 안에서와 그 중간 지대에서 성장할 수 있는 공간을 만들고 자신의 소명을 분별함에 있어 일관성 있게 보살피는 것이 가능해진다.

둘째로, 우리는 예술가들이 그들의 새로운 역할을 위해 필요한 기술을 연마할 수 있도록 어느 정도의 조직된 혹은 계획성 있는 돌봄의 환경을 제공할 수 있다. 이는 중요한 형성 과정인 '부족' 혹은 집단의 정체성에 뿌리내리는 것을 포함할 것이다. 우리는 영혼 돌봄의 기회, 그리고 고립과 소외를 방지할 영적이고 예술적인 체력 단련실을 제공할 수 있고, 예술가들의 여정을 위해 필요한 자원을 공급할 수도 있다. 우리는 그들이 자신들의 신앙적 정체성을 형용사가 아닌 명사로 발전시키고 살아 낼 수 있게 도울 수 있다. 공동체 안의 예술가들이 서로 교류할 수 있는 장소와 기회를 만들 수도 있다. 멘토 관계와 견습생 과정, 더 나아가 조직화되지는 않았지만 정기적이고 지속적인 관계를 맺을 수 있는 기회가 여기 포함될 것이다. 이 모든 것은 동시적으로 그리고 차후에 공동체 외부에서 발생할 상호작용을 위한 맥락을 제공할 것이다.

셋째로, 우리는 경계를 탐험하고 다른 그룹과 교류하며 다른 정체성을 넘나들면서 공동체로 가지고 돌아올 문화적 목초지에 관한 소식을 찾아내는 훈련과 연습을 제공할 수 있다. 이러한 활동은 처음에는 안내에 따라 이루어지겠지만, 개인들이 성장하다 보면 더 독립적이 될 수 있다. 우리는 그들이 부족 간 갈등이라는 혼란스러운 영역을 가치 있게 여길 때, 새 어휘와 사고방식을 배워 갈 때, 돌아와 뭔가를 보고하기 시작할 때 그들을 격려할 수 있다. 또한 이 미래의 지도자들이 관대함의 기술을 발전시키고 사랑할 수 없는 이들을 사랑하는 것을 인정해 주며, 우리가 좋은 소식을 전해야 할 가난한 이들을 기억하라고 요청할 수 있도록 도울 수 있다.

넷째로, 어느 시점에 이르러 공동체는 그 수습생 혹은 보조 '메악스타파'에게 다음 역할로 황무지나 바다, 혹은 그들이 부름받은 어디로든 나아가도록 파송할 수도 있다.

마지막으로, 공동체는 윤리적·실제적·재정적인 면에서 지속적인 후원을 제공할 수 있다. 원공동체 가까이에 머무는 예술가들에게는 이런 후원이 말없이 이루어져야 한다. 그러나 더 멀리 나아가는 '메악스타파'에게는 그들이 가는 지역 공동체와의 접촉점을 형성하고 유지하면서, 그들을 파송한 공동체에게 소식을 알리거나 가지고 돌아오는 것과 마찬가지로 새로운 곳에서의 삶에도 이바지하도록 격려해 주어야 한다.

비록 세부사항은 더 채워질 필요가 있지만(이후의 장에서 몇 가지를 더 제안할 것이다), 이 모델은 교회와 공동체, 그리고 더 넓은 문화에 아주 많은 것을 줄 수 있는 창조적인 사람들이 생성적 노력을 완연히 펼칠 수 있는 길을 제공한다. 그들은 불의 앞에서 아름다움이라는 매력적인 비전을 제시하면서, 깨어짐과 필요를 드러내고, 사랑할 수 없는 사람을 사랑하는 본이 되고, 복잡성을 노출시키고, 화해를 중재하고, 매력적이고 설득력 있게 말하는 법을 가르치고, 공동체 전체가 문화 참여의 난제들을 통과하도록 안내하고, 분열에서 벗어나 재통합을 향해 나아가도록 이끌고, 어쩌면 심지어 교회 안에서 성령의 빛을 다시 발견할 수 있을 것이다.

14 문화 돌봄 관리인

우리의 문화 같은 곳에서 집에 꽃다발을 들고 오는 일은 규범을 위반하는 행위다. 여기서는 예술가가 아닌 어떤 사람에 관한 이야기를 하려 하는데, 바로 허드슨강 하구 비유의 실제 이야기다.

1960년대 초, 프레드 던백(Fred Danback)은 한국 전쟁 참전 후 고향으로 돌아와 아나콘다 와이어 앤 케이블(Anaconda Wire and Cable)에서 일했다. 뉴욕 맨해튼에서 북쪽으로 약 50킬로미터 떨어진 헤이스팅스온허드슨에 위치한 구리선 공장이었다. 사업이 번창하고 있었다. 그러나 그는 곧 공장에서 목격한 것 때문에 깊은 고민에 빠졌다. 그가 자랐던 강의 아름다움을 회복하기 위해 던백은 자기 회사의 내부 고발자가 되었다.

PBS의 빌 모이어스(Bill Moyers)와의 인터뷰에서 던백은 이렇게 말했다. "온갖 종류의 기름과 황산, 구리 찌꺼기를 보았습니다. 세상에, 그런 것들이 공장에서 제멋대로 흘러나오고 있었어요." 그는 청어잡이 어부들이 "일을 잃어버리고 있었는데, 이는 물에 기름이 섞여 있어서 물고기도 오염이 되었고, 그래서 그들이 매주 잡아서 팔던 물고기를 풀턴 시장에서 더 이상 사 주지 않았기 때문"이라고 했다. "[아나콘다]와 다른 기업들이 강을 오염시키고 청어잡이 같은 2차 사업에 피해를 주고 있었습니다. 그들에게 그럴 권리가 있다고 생각하지 않아요. 그런 일은 저를 정말로 분노하게 만들었습니다. 오염과 싸우는 일에 완전히 몰두하게 되었죠."[1]

프레드는 자신의 고기잡이 친구들이 겪는 어려움에 대해 회사 매니저에게 항의했다. 그럴 때마다 그는 좌천되는 것처럼 보였다. 결국 수위 자리로까지 밀려났으니 말이다. 그러나 프레드는 절대로 포기하지 않았다. 그는 수위직을 받아들여, 말 그대로 회사의 모든 방을 쓸고 닦았다. 그는 또한 엄청난 양의 기록을 남겼고 회사의 지도를 만들었다. 처벌을 하려던 것이 오히려 그에게 회사를 비밀스레 조사할 수 있는 좋은 기회를 주었다. 그에게 모든 열쇠가 주어진 것이다!

그 시절에는 오염에 관한 법률이 아주 미비했다. 프레드와 몇 명의 다른 환경 운동 개척자들은 프레드가 지역 도서관을 청소하다 발견한 1899년의 케케묵은 거부법(Refuse Act)이라는 법률에 근거해 아나콘다를 고소하기로 했다. 1972년에 미 연방 검찰청이 아나콘다를 기소할 방법을 발견했을 때, 그들은 프레드의 지도와 기록들을 증거로 사용했다.

후에 프레드는 이렇게 말했다. "회사는 1899년의 거부법에 의해 벌금 20만 달러를 지불하라는 판결을 받았습니다.…오늘날에도 오염을 일으킨 것에 대해 20만 달러의 벌금을 부과하는 것은 큰 사건입니다. 당시는 1970년대 초기였으니 정말 엄청난 일이었죠. 청천벽력 같았을 겁니다." 오늘날 300만 마리의 줄무늬 농어가 허드슨강을 오르내리며 헤엄치고 있는 것은 프레드의 노력으로 국가법이 바뀌었기 때문이다.

◇ ◇ ◇

이 이야기에서 문화 돌봄을 위한 세 가지 교훈을 얻을 수 있다. 우리는 기꺼이 희생하고, 첫사랑을 기억하며, 많은 기록을 남겨야 한다.

첫째, 문화 돌봄에는 희생이 필요하다. 우리는 좌천도 기꺼이 견디면서 문화 돌봄의 '관리인'이 될 필요가 있다. 그러나 옳은 일 때문에 좌천을 당하는 것은 우리에게 겸손한 권위를 부여해 줄 것이고, 이 권위는 문화의 '공장' 내부의 굳게 잠긴 문을 여는 열쇠가 될 것이다. 그리하여 우리는 그 안을 청소할 기회, 또한 거기서 정말로 무슨 일이 일어나고 있는지 볼 기회를 얻을 것이다. 우리의 열쇠는 겸손, 진실성, 투지, 장차 일어날 일에 대한 소망이다. 자아, 이기심, 자기 파괴로 가득한 현재의 예술계에서는 약간의 인간적 품위와 관대함만으로도 두드러져 보일 것이다. 만약 오직 자기표현을 위한 예술을 하는 대신 누군가를 기꺼이 섬기고자 한다면 어떨까? 세상이나 우리의 관객들이 우리에게 동의하거나 박수 쳐 주기를 기대하는 대신, 겸손하게 협력하고 봉사에 헌신한다면?

둘째, 첫사랑을 기억할 필요가 있다. 빌 모이어스가 프레드 던백에게 물었다. "무엇이 그 일을 계속할 수 있게 해 주었습니까?" 던백은 대답했다. "나는 그 강을 사랑합니다. 아름다운 강이지요.

한번 보세요. 여러분의 강이고 나의 강입니다. 그 강은 모두의 것입니다. 누구에게 그것을 더럽힐 권리가 있단 말입니까? 이것이 바로 내가 느꼈던 바입니다. 오늘까지도 나는 똑같이 생각합니다." 아름다운 강에 대한 기억이 그로 하여금 긴 시간 투쟁을 계속할 수 있게 해 준 것이다.

무엇이 우리로 하여금 계속 갈 수 있게 해 주는가? 우리는 첫사랑, 즉 처음부터 우리가 예술가가 되려고 한 이유에 계속 초점을 맞추고 있는가, 아니면 생존의 필요가 초점을 흐려지게 했는가? 예술가로서 당신의 첫사랑은 당신이 종이 위에 뭔가를 그렸던, 그리고 그것이 당신에게 생동하며 다가온 순간 시작되었을 수 있다. 혹은 교내 연극에서 어떤 역할을 연기할 때 자신이 다른 누군가의 세계, 전에는 존재를 알지 못했던 어떤 세계로 들어가고 있음을 깨달았던 순간일 수도 있다. 혹은 무용가로서 중력을 극복한 것처럼 보이는 단 한 번의 도약을 했던 순간일 수도 있다. 창조적 촉매자로서 당신에게 첫사랑은, 어떤 노래가 10대였던 당신의 마음 깊숙한 곳을 불태우기 시작했던 순간이거나, 새로운 시각을 열어 주는 무언가 때문에 계속 되돌아가서 쳐다보게 되는 어떤 회화 작품을 만났던 순간일 수 있다.

우리의 첫사랑을 재발견할 수 있는 한 가지 접근법은 그 반대를 생각해 보는 것이다. 무엇이 지금 당신으로 하여금 희망을 잃어버리게 하고 있는가? 예술가와 창조적인 사람들은 뛰어난 수용력을 지녔고 세상의 고통에 민감하기 때문에, 문제를 내재화하고 절망에 빠지기 가장 쉬운 사람들일 수 있다. 이 첫사랑을 통해 우리는 무언가가 잘못되었음을 인식할 수 있다. 그것을 잊는다면, 결국 우리는 오염된 강 속에 완전히 잠길 것이고 예술 창작을 위한 그리고 어쩌면 삶을 위한 우리의 비전을 잃게 될 것이다.

셋째, 많은 것을 기록으로 남길 필요가 있다. 프레드 던백처럼 우리는 문화의 관리인으로서 책임을 다해야 한다. 즉, 할 수 있는 모든 곳을 청소해야 한다. 우리는 우리의 새로운 열쇠를 문화가 생산되는 작업실의 문을 여는 데 사용할 수 있다. 문화적 오염 물질을 흘려보내는 잘못된 관행을 사람들에게 보여 주기 위해 기록하고, 그럼으로써 사람들이 그러한 문제를 인식하고 다루게 할 수 있다. 프레드는 예술가가 아니었지만, 이 책의 많은 독자는 예술가다. 우리의 노트는 그림으로, 색으로, 훌륭한 디자인으로 채워져야 한다. 우리는 창조성과 표현의 재능을 타고났다. 우리의 기록은 아름답고 선하며 진실해야 한다.

문화의 청지기와 자연의 청지기는 함께 간다. 예술 활동은 청지기의 활동이다. 많은 이들이 예술과 오락을 적으로 여기거나 혹은 적어도 건전한 의심을 품고 바라보는데, 그럴 만한 이유가 없지는 않다. 강을 오염시켰던 것과 똑같은 방식으로, 최근 예술의 많은 표현들은 선한 것, 진실한 것, 아름다운 것을 왜곡해 버렸다. 예술은 언제나 문화의 물결을 거슬러 올라가는 흐름이며, 예술가는 문화 창조자들이다. 문제는 다음과 같다. 어떻게 변화를 실행시킬 것인가?

◇ ◇ ◇

나는 거의 매일 프레드 던백에 대해 생각한다. 허드슨강의 산

책로를 따라 조깅할 때마다 프레드가 희생의 씨앗을 처음 뿌린 것에 대해 하나님께 감사드렸다. 지금은 농장에서 파랑새가 둥지를 짓는 행동을 관찰하면서 더 깨끗한 강과 공기를 만들고자 한 그의 일에 대해 생각한다. 그러나 그 이야기에는 그 이상의 것이 있다.

2001년 9월 11일 여객기를 이용한 공격에 대한 끔찍한 소식이 들려오기 시작했을 때, 처음 추정 사상자 수는 1만 2천 명에서 1만 5천 명이었다. 그러나 다음 며칠 동안 숫자가 계속 줄어들었고, 결국 2,977명이 되었다. 여전히 분명 견디기 힘든 숫자이긴 하다. 나는 왜 처음 추정이 그렇게 잘못되었는지에 대한 나름의 이론이 있다.

9월 11일은 개학 첫날이었다. 세계 무역 센터 빌딩 근처에는 8천 명의 학생들이 있었다. 첫 번째 비행기의 불길한 그림자가 학교 운동장에 있던 부모들 위를 지나갈 때, 그들은 자녀들을 막 학교에 데려다 준 후였고, 나의 아내 역시 세 자녀를 학교에 데려다 주던 참이었다. 직장에 도착한 부모는 별로 없었다. 직장에 도착했던 이들 역시 나의 많은 친구들이 그랬던 것처럼, '제자리에 계십시오'라는 치명적인 안내 방송을 무시하고 곧바로 계단을 뛰어 내려왔다.

아직까지 프레드 던백과의 연관성이 잘 보이지 않을 수 있지만, 내 생각에 여기에는 직접적인 연결 고리가 있다. 바로 이것이다. 빌딩 주변의 모든 학교는 1970년대 후반에 지어졌다. 던백이 좌천당하는 것을 개의치 않았기 때문에 강은 더 깨끗해졌다. 강이 더 깨끗해졌기 때문에 강 주변의 공원은 매력적인 장소가 되었다. 공원이 훌륭했기 때문에 자녀를 낳을 젊은 부부들은 교외로 이사하는 대신 그들의 조그마한 배터리 공원 아파트에서 계속 살기로 결정했다. 그 결과 1970년대 후반에 학생 인구가 엄청나게 증가하기 시작했으므로, 시에서 이 모든 학교를 지었던 것이다.

나는 프레드 던백이 9/11에 영향력을 끼쳤다고 확신한다. 좌천당할 용기를 지닌 한 사람, 아름다움의 회복을 위해 기꺼이 희생한 한 사람이 문화에 엄청난 생성적 영향력의 파급 효과를 만들어 낸 것이다. 그의 행동이 불러온 효과는 측정할 수 없지만, 오직 우리가 삶을 살아가는 방식 안에서 이야기될 수 있다. 따라서 나의 세 자녀들을 포함해 9/11을 겪은 아이들이 매우 회복력 있고 창조적이며 공동체를 생각하는 이들로 자라났음은 언급할 만하다.

이와 유사하게, 문화 돌봄의 행위는 효율성과 능률이라는 전형적 척도로 재면 안 된다. 성공의 척도는 문화 돌봄을 가능하게 만드는 우리의 희생이 우리 자녀들의 삶에서 어떻게 드러나는가에 달린 것이어야 한다.

◇ ◇ ◇

우리는 프레드 던백의 공동체가 될 필요가 있다. 우리는 우리가 부름받은 강의 아름다움을 잊어서는 안 되며, 이를 위해 발언하고 희생할 용기를 지녀야 한다.

던백 같은 사람들이 허드슨강의 아름다움을 일깨워 주었다. 우리는 더 이상 검은 강을 좋은 것, 혹은 진보를 위해 불가피한 결과라고 보지 않는다. 환경의 영역에서는 문화가 어느 정도 바뀌었으니, 그러한 변화를 문화 자체에서, 즉 실리적 실용주의와 지나친 상업화로 인해 이제 똑같이 검정색으로 칠해지고 살 수 없는 곳이 되어 버린 문화의 강에서도 재현할 필요가 있다.

문화 돌봄의 주체가 되기 위해 산업이나 자본주의에 반대할 필요는 없다. 우리가 직면한 문제는 구리선 생산이나 영리 사업 참여에서 기인하는 것이 아니라, 성공을 오직 소비와 유용성으로만 측정할 수 있다고 보는 제한적 이해, 그리고 궁극적으로는 돌봄과 용기의 실패에서 기인한다.

15 경영 돌봄

문화의 하구 모델, 즉 문화의 번영을 위해 보전된 혼성적이고 경쟁하는 환경은 사실 자본주의 벤처 산업, 기업 경영, 그리고 내가 **경영 돌봄**이라 부르기 시작한 것에도 동일하게 적용된다. 건강한 자본주의적 경쟁은 문화 성장에 도움이 될 수 있다. 문화 돌봄을 위한 핵심 요소인 **창조적 촉매자**라는 용어를 더 자세히 정의하면서 논의를 시작하는 것이 유익할 것이다.

창조적 촉매자는 전업 예술가가 아닐 수 있지만 그들이 선택한 분야의 문화에서 지속적인 변화를 창조하는 일에 이바지하고자 하는 사람들이다. 정의상 촉매(catalyst)란 여러 가지가 혼합된 소세계 안에 존재함으로써 생성적 성장을 돕는 요소다. 창조적 촉매자는 전문 경영인, 교사, 관리자, 혹은 자기표현을 초월한 예술가일 수도 있다.

창조적 촉매자의 활동

국제예술운동의 전 임원 데이비드 풀러(David Fuller)는 창조적 촉매자의 훌륭한 예다. 은행 경영자인 그가 우리 컨퍼런스에 처음 참석했을 때에는 자신에게 어울리지 않는 곳이라고 느꼈다. 그러나 그는 한 강연에서 다른 기업인 지도자가 '창조적 촉매자'가 되어 경영 문화의 '인간성 회복'을 돕자고 말하는 것을 들었다. 데이브는 이 예술 컨퍼런스에서 돌아와 자신의 오클라호마시티 은행에서 회의를 소집했다. 그는 은행 소유주들과 고위 간부를 모아 놓고 두 가지 질문을 던졌다. (1) 은행으로서 우리는 어떻게 '인간성을 회복'할 수 있는가? (2) 영리 기업으로서 우리는 어떻게 지역 사회를 돌보는 다중적 이윤(multiple bottom lines)*을 추구할 수 있는가? 최근 데이브는 이러한 여정을 회상하며 이메일을 보냈다.

> 우리는 팀 기금이라 부르는 것을 만들었다네. 일부는 은행 자금과 개인 기부로, 그리고 '청바지의 날'과 같은 프로젝트를 통해 모았지. 사원들이 팀 기금에 3달러를 기부하면 금요일마다 청바지를 입을 수 있는 거야. 기금을 어떻게 사용할지는 각 지점의 사원들이 결정했지. 어느 날 한 작은 지방 지점에 젊은 엄마가 두 아이를 태우고 자동차 전용 창구로 왔어. 그런데 차 시동이 꺼져 버렸고 움

---

* 재무상의 이윤뿐 아니라, 환경이나 사회적 책임 등의 요소를 종합적으로 고려하여 기업의 실적을 평가하는 기업 경영 방식과 관련이 있다.

직이질 않았지. 배터리가 다 닳은 거였어. 사원 몇 명이 그 차를 주차장까지 밀어 주고 팀 기금의 일부로 새 배터리를 사서 설치까지 해 주었지. 단순하게 들리지만, 다층적 수준에서는 정말 심오한 일이었다네.

인간성이 회복된 가치를 위한 모델을 제시하고 확장시키는 한 명의 창조적 촉매자가 문화 돌봄을 위한 조건을 창조했다. 한 명의 지도자에게서 나온 파급 효과로 은행은 도움이 필요했던 싱글맘을 보살피게 된 것이다. 이러한 단 한 번의 집단적인 관대함의 행위는 노사 모두에게 창조성과 상상력을 불러일으켰다. 이 한 번의 행위가 이미 그 은행의 문화 안에서 생성적으로 증대되기 시작하여, 고객에 대한(그리고 고객으로부터의) 인식과 소통 능력, 충성도를 끌어올렸다.

종종 경영 활동과 예술 활동은 실용성과 창조성의 스펙트럼에서 양 극단에 위치한다고 여겨진다. 한편으로, 경영이라는 분과는 고도로 조직화된 체제 안에서 특정한 초점 및 최종 이윤에 집중하는 수렴적 의사 결정을 요구한다. 그러한 사고방식은 시스템에 안정성을 제공할 수 있기에 우리 문화의 지배 세력이 되어 왔다. 다른 한편으로, 예술가들은 발산적으로 사고하는 사람들로서, 종종 불확실성 안에서 번성하는 것처럼 보이고 아주 적은 수입으로도 생존할 수 있을 만큼 임기응변을 잘한다.

문화 돌봄의 연장선인 경영 돌봄은 경영과 예술을 융합하여 혼성적인 소세계를 창조한다. 이에 더해, 국제예술운동에서 우리는 실용주의적인 의사 결정자가 예술가를 의사 결정 과정에 참여하도록 **초대할** 때, 즉 분석적으로 사고하는 사람이 직관적으로 사고하는 사람을 의도적으로 포함시킬 때 기업이든 교회든 성장하는 모든 조직에 중요하게 기여할 수 있음을 배웠다. 데이브는 **인간성 회복**이라는 단어를 자기 은행의 의사 결정이라는 맥락 안으로 끌어오는 방식으로 이를 적용했다.

최근 한 기업 지도자와 점심 식사를 함께 했다. 오늘날 각자의 전문 영역에서 사람들이 직면하고 있는 것에 대해 나누던 중, 나는 자연스럽게 예술가들이 겪는 어려움에 대해 말했다. 그런 뒤 그의 고객인 전문 경영인과 은행가들이 직면하는 어려움이 무엇인지 물었다. 그는 리먼 브라더스 사태 이후 은행가들은 이제 자신들의 일을 정당화할 필요가 생겼다고 말했다. 많은 이들이 안정성과 고소득을 바라며 은행가가 되었다. 그들은 이를 위해 기꺼이 열심히 일하지만, 전에는 자신들의 그러한 선택을 정당화할 필요가 없었다. 그러나 이제 은행가들은 파티에서 '무슨 일을 하세요?'라는 질문을 받으면 직업을 계속 유지하는 이유를 변호해야 할 것이다. 그는 일부 전문 경영인도 마찬가지라고 말했다.

나는 실용주의적인 이 세상에서 예술가가 되기로 한 나의 결정을 변호하는 일에 익숙하다. 은행가들 역시 똑같이 해야 한다면, 이제 은행가와 예술가가 번영과 인간성을 회복한 문화라는 비전을 위해 어떻게 서로 도울 수 있을지 더욱 의미 있게 논의할 수 있겠다는 생각이 문득 들었다. 그러한 대화에서, 경영과 문화 둘 다를 위한 돌봄의 언어는 모두를 위해 바람직할 뿐 아니라 필수적이다. 우리는 이윤만 추구하는 사고 이상을 요구하는 문화의 변곡점에 직면해 있다. 우리는 경영 돌봄이 필요하다.

운동은 어떻게 시작되는가?

'어떻게 운동을 시작할 수 있죠?'라는 질문을 자주 받는다. 운동을 시작하기 위해서는 세 가지 요소가 필요하다. (1)창조적 자본을 가진 예술가 부류, (2)사회적 자본을 가진 목사 혹은 공동체 조직가 부류, (3)물질적 자본에 접근할 수 있는 경영인 부류. 이러한 개념을 다른 이들과 공유할 때, 핵심을 명확하게 보여 주기 위해 다음과 같은 삼각형을 그릴 수 있다.

이 삼각형에서 흥미로운 점은, 세 요소 중에서 두 가지만 있다면 당신이 하는 일을 지속 가능하게 만들 수 있다는 것이다. 예를

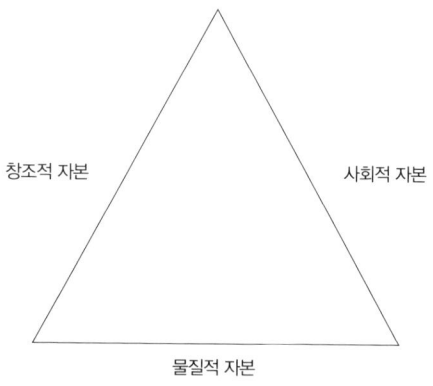

표 1.1 인간성을 회복한 자본주의

들어, 당신이 창조적인 사람이고 또한 풍성한 경제적 지원을 받고 있다면, 당신은 창작을 지속할 수 있다. 만약 친구가 많고 또한 매우 창조적인 경우에도 잘해 나갈 수 있다. 그러나 세 요소 중 한 가지만 있다면 곤란하다. 아주 부유하지만 창조성도 없고 친구도 없는 사람을 상상해 보라.

우리 대부분은 세 가지 모두를 선물받지 못하기 때문에 우리와 다른 사람들과도 협력할 필요가 있다. 문화의 하구에서는 우리와 다른 사람들을 만날 가능성이 높고, 따라서 우리는 편안한 영역 밖으로 나와 친구를 사귀기 시작해야 한다.

따라서 자기 지역에서 문화 돌봄 운동을 시작하기 원한다면, 이 세 가지 자본 유형이 모두 모인 핵심 그룹을 만들기를 권장한다. 당신이 예술가라면, 목사 친구와 기업 경영인을 찾으라. 이 세 요소 중 두 가지가 모이면 당신이 하고자 하는 일을 지속 가능하게 만들어 줄 것이다. 만약 세 요소를 모두 갖추면 다른 사람들을 초대할 수 있는 생성적 운동을 출발시킬 수 있다.

16 예술가를 위한 실질적 충고

많은 예술가들이 작품 활동으로 생계를 유지하기 위한 힘겨운 싸움을 벌이기 때문에, 나는 예술가로서의 경력을 어떻게 시작했느냐는 질문을 자주 받는다. 그러면 우선 내가 필수적이라고 생각하는 사고방식에 대해 말함으로써 이에 답한다. 예술 활동으로 자립하는 것도 좋은 일이지만, 예술 창작을 가능하게 하기 위한 목적으로 관련 없는 직종이나 심지어 따분한 직장에서 고정적으로 일하는 것 역시 훌륭하다. 식당에서 서빙을 하더라도 집세를 내기 위한 경우와 예술 창작을 위한 경우는 전혀 다르다. 전자의 사고방식에서 당신은 생존 모드로, 게다가 아주 가까스로 살아간다. 반면 후자의 경우 당신은 언제나, 다른 사람의 시중을 들 때조차 창작 중이고 당신의 직관력의 싹을 틔우고 있다. 이것이 바로 생성적인 길이다.

　17-18세기 암스테르담(네덜란드 회화의 황금기)의 정물화 중 많은 수의 명작들은 상점 주인들이 그린 것인데, 이들은 이른 오후까지 치즈를 팔다가 가게 문을 닫은 뒤 나머지 시간에 그림을 그렸다.

T. S. 엘리엇은 은행가였고, 월러스 스티븐스(Wallace Stevens)는 보험 판매원이었으며, 데이나 지오이아는 마케팅 이사였다. 이들 및 그 밖의 다른 뛰어난 작가와 예술가들은 낮에는 직장에서 일을 했다. 어떤 사람들은 안정적인 직장 환경에서 창작을 더 잘할 수 있다고 말하기도 한다. 일부러 따분한 사무직을 택하는 사람도 있다.

예술 창작으로 부름받았는가? 이 질문을 자신에게 던질 때에는 반드시 여러 사람의 충고를 함께 받으라. 언젠가 한 친구는 내 아들에게 인생을 위한 '이사회'를 갖는 것이 좋다고 말해 주었다. 이러한 책임 분담 그룹은 당신이 신뢰하고 당신에게 진실을 말해 줄 수 있는 사람들로 이루어져야 한다. 또래 그룹일 수도 있고 나이 많은 현명한 사람들일 수도 있지만, 변호사, 회계사, 기업가와 같이 당신에게 부족한 전문 지식이 있는 사람들을 포함해야 한다. 또한 진정한 소명을 분별하도록, 혹은 그러한 소명의 결핍을 깨닫도록 도와줄 만한 경험 있는 예술계 사람들도 포함해야 한다.

오늘날 예술가가 되기란 불가능한 일이다. 부정적 평가, 자신에 대한 의심, 제한된 능력에 직면하여 스스로의 한계 이상으로 인내해야 한다. 그러나 만약 회화, 혹은 연기, 혹은 글쓰기가 당신 내면의 번성을 발견할 유일한 길이라면, 당신은 그 예술을 발전시키고 당신의 작품이 당신과 가족 모두를 번성하게 이끌 수 있는지 보아야 한다. 그러한 조건하에서, 만약 당신이 자신의 소명에 깊이 확신하지 못한다면 흔들림은 절망의 원인이 되고 작품에도 영향을 줄 것이다.

후원받기

대학을 졸업한 뒤, 나는 예술가로 살아가기 위해서는 노력이 필요함을 알았다. 당시에 나는 그리스도인이 아니었지만, 나의 예술을 발전시키도록 노력해야 한다는 내적 인식에 대해 자주 "부름받았다"는 표현을 쓰곤 했다. 그림 그리는 일을 겸업할 수 있는 직장을 찾다가 운 좋게도 지역의 특수 교육 학교에서 보조교사직을 구했다. 주디가 집에 꽃다발을 들고 온 이야기는 그 시절의 일이다. 그렇다면, 예술가로 살고 있지 못했던 나의 실패조차 길게 보면 결국 생성적 경험이었던 셈이다.

이후에 나를 부르고 계신 분이 그리스도이심을 알게 되었을 때, 그분이 나와 내 가족의 필요를 채워 주실 정도로 나에게 관심을 갖고 계실 거라는 생각이 들었다. 그리스도께서는 무한하신 하나님을 드러내시고, "먼저 하나님의 나라와 하나님의 의를 구하여라"고 명령하시며, "그리하면 이 모든 것을 너희에게 더하여 주실 것이다"라고 말씀하신다(마 6:33). 나는 하나님이 약속하시는 길이 쉬운 길은 아니지만 풍요로운 길임을 깨달았다.

나는 선교사 공동체에 속하게 되었고, 그들은 내게 그리스도인으로서의 새로운 여정을 이해하도록 도와주었다. 그리스도께 헌신하게 된 회심 이후 나는 하나님이 나를 다시 예술계로 돌아가도록 부르고 계심을 확신했다. 나는 나의 소명을 확신했고, 선교사 친구들도 그들의 소명을 확신하는 것처럼 보였다. 그래서 그들에게 물었다. "자네들의 소명을 어떻게 지속 가능하게 만드나?" 그들은 자신들이 후원금을 모은다고 말했다. 그들은 많은 교회뿐 아니라 모든 친구와 아는 사람을 만나러 돌아다니면서 자신들이 일본 선교사로 부름받았음을 알렸다. 그러면서 그들은 자신의 소명을 더욱 분명하게 표현하게 되고 스스로의 소명 의식을 점검할 수 있었다.

나는 대학원생이었고, 아내와 이제 아이도 있었다. 나는 생각했다. '나는 예술가로 부름받았어. 그렇다면 이것을 어떻게 나의 예술에 적용할 수 있을까?' 나는 전시회를 몇 차례 성공적으로 열어서 작품 몇 점이 팔렸고 「재팬 타임즈」(*Japan Times*)에 호의적인 리뷰가 실렸다. 그러자 내 작품에 관심을 보인 사람들이 작업실을 방문했다. 나는 그들에게 1년 동안 예술가로서 나를 후원할 의향이 있는지 묻기 시작했다. 그들에게 작품 구매 대금을 한꺼번에 지불하는 대신에 매달 나누어서 지불해 달라고 부탁했다. 이렇게 하면 일정한 예산에 맞춰 생활할 수 있을 것이라 생각했고, 실제로 그랬다. 곧 그럴 의사가 있는 예닐곱 명의 사람이 생겼다. 예를 들어, 매달 100달러를 지불하고 연말에 작업실을 방문해 1,200달러어치의 작품을 고르는 식이다. 장학금과 더불어 이런 방식으로 나는 대학원생으로서 예술 창작을 하면서도 생계를 유지할 수 있었다.

그런 뒤에는 내 작품에 관심을 갖는 화랑에 찾아가 전시를 하고 싶다고 말하면서, 그렇지만 전시될 작품의 절반은 이미 이런 식으로 판매되었다고 말했다. 그러면서 그들에게, 이미 절반이 판매되어 빨간 스티커가 붙은 채로 전시회를 열면 오히려 전시에 탄력이 생길 거라고 했다. 그들도 동의했다. 바로 이게 내가 시작했던 방식이다. 가족 부양의 필요에서 나온 것이지만, 오늘날도 나는 동일한 모델에 기초해 일하고 있다.

처음 내 작품을 구입한 수집가 대부분은 일본의 '월급쟁이'였다. 그들은 부자는 아니지만 예술을 사랑했다. 그들 중 많은 수가 내가 일본에서 지내는 동안 나를 후원했고, 자신들이 구입한 작품을 미술관에 기증했다. 나는 아주 운이 좋았다. 나의 경력 중 처음 10년 동안 내 작품을 구입한 수집가 가운데 '그리스도인'은 한 명도 없었다.

예술가를 위한 세 개의 G

보다 최근, 문화 돌봄을 위해 노력하는 가운데 나는 지속 가능성뿐 아니라 생성력을 위해서도 생각하고 기도하는 것이 유익함을 깨닫게 되었다. 개인적 수준에서 세 가지 G를 적용해 보자.

발생적 순간. 모든 순간이 발생적 순간이 될 수 있고, 예술가는 종종 대부분의 사람들보다 더 자주 이 실재에 익숙하다. 수집가의 작업실 방문은 그 수집가에게 그러한 발생적 순간이 일어나는 기회가 될 수 있다. 생성적인 것에 주목하는 수집가는 창작 과정으로부터 뭔가를 배우고, 예술가가 번성할 수 있도록 돕는 일에 더욱 관심을 가질 것이다.

물론, 예술 시장에는 예술을 단순히 엄격한 거래로 여기는 화랑들과 심지어 그런 수집가들도 있다. 나는 그 양쪽 모두를 피하려고 노력한다(이는 나의 경력이 상당히 제한된다는 의미다). 나는 사람들이 그림을 구매하려고 나의 작업실이나 전시회를 찾는 것을 특별한 명예로 여긴다. 나는 나의 예술이 그들의 삶에서 발생적 순간들을 계속 창조해 내기를 기도한다.

또한 잠재적 구매자와 대화할 때, 발생적 순간의 잠재력을 보는 하나의 관점을 제시하는 것도 도움이 될 수 있다. 사람들은, 말하자면 1,200달러짜리 작품을 구매하는 것은 부담스러워 한다. 꽤 큰돈으로 보여서 대부분의 사람들에게는 희생이 따르는 액수다. 하지만 한 달에는 100달러 정도로, 5인 가족의 영화표 값과 비슷하다. 가족과 함께 보는 영화는 기억에 남는 일이지만 일시적이다. 예술 작품을 소유하는 것은 당신의 집에서 수년 동안 발생적 순간을 누리게 해 줄 수 있으며, 또한 한 예술가가 창작을 지속할 수 있게 도움으로써 생성력에 투자하는 일이기도 하다.

관대함. 나는 예술가들이 세상에서 가장 관대한 사람이 될 수 있음을 발견했다. 국제예술운동을 위해 경매를 열거나 그 밖의 기금 마련 행사를 개최할 때, 작품을 보내고(심지어 곧바로 걸 수 있게 액자에 넣어서) 자원봉사를 하려고 직접 오고 심지어 수표까지 보내는 이들은 언제나 예술가들이다. 한번은 한 여성 예술가로부터 5달러짜리 수표를 받은 적도 있다. 그에게 이것이 얼마나 큰 희생인지 알았던 나는 감사의 말을 전하면서 눈물을 흘렸다. 그는 액수가 너무 작아 부끄럽다고 했지만, 나는 그의 행동이 실무자들에게는 생각 이상으로 훨씬 더 큰 의미라고 장담했다. 필요에 근거하지 않은 창조 질서와 자주 만나는 예술가는 사회와 또한 교회에서 관대함에 앞장설 필요가 있다. 하나님은 대가를 바라지 않고 창조하셨고, 따라서 우리도 그렇게 할 수 있다.

세대를 아우르는. 예술은 본성적으로 생성적(generative)이고, 따라서 사람들은 신앙적 경향과 상관없이 세대를 아울러(generationally) 사고하는 자신을 발견한다. 어느 훌륭한 미술관에서든 500년 전의 작품, 예를 들어 프라 안젤리코와 미켈란젤로, 다빈치와 라파엘로의 작품을 볼 수 있을 것이다. 당신이 작업하거나 만든 것이 어쩌다가 500년 동안 지속될 거라고 생각해 본 적이 있는가? 지금으로부터 그렇게 오랜 시간 후에도 우리의 작품이 알려질 가능성은 극히 적다. 그러나 문화의 청지기로서 신실한 공동체란, 앞으로의 세대가 그러한 500년의 비전을 품고 창작하도록 영감을 줄 많은 작품을 만드는 것을 의미할 것이다. 당신이 지금 만드는 것이 당신의 자녀들과 그 이후 세대들이 번성하기 위한 토대를 준비하는 것일 수 있다. 이를 위해 당신은 지위나 성공을 포기해야 할지도 모르지만, 어떤 예술은 미래의 번성을 위한 희생의 제물이 될 수 있다.

만약 당신이 예술 후원가라면, 당신이 하는 일도 이러한 500년의 원정에 들어맞도록 노력하라. 예술가, 무용가, 혹은 극단을 돕기 위해 오늘 당신이 하는 작은 투자는 문화의 연못에 던져진 돌멩이가 될 수 있고, 그 파급 효과는 당신이 지금 즉시 경험하는 것보다 훨씬 클 수 있다.

◇ ◇ ◇

1990년대에 화랑에서 열린 작가와의 대화에서, 나는 하나님의 부르심에 대한 응답으로 만든 나의 작품을 구입한 수집가 대부분은 그리스도인이 아니라는 불만을 토로했다. 나에게 예술 창작은 소명이었기에 나의 작품이 그리스도인의 가정에도 놓이기를 바랐기 때문이었다. 청중 가운데 필라델피아에서 온 어떤 목사님이 계셨다. 그는 내 복사판 작품을 구입한 첫 번째 목회자였다. 그가 거기에 돈을 쓰기 위해 희생하고 있음을 알게 되었을 때 내 어깨 위에 놓였던 어떤 무거운 것이 사라졌다. 내 소명을 인정받았다고 느낀 것이다. 그는 이제 주요 기독교 대학의 총장이다. 나의 소명에 대해 생각할 때마다 나는 그 목사님의 행동과 그의 단 한 번의 구매가 얼마나 힘이 되었는지 떠올린다.

태도는 중요하다. 당신이 정말로 부름을 받았을지라도, 그러한 소명 의식에 상황이 잘 부합하지 않는 것을 불평하게 될 수 있다. 이는 세상이 당신을 즉각 지원하지 않을 때 분노하는 권리 주장의 태도와는 다르다(나는 이런 시각을 지닌 젊은 작가들의 작품은 피한다). 그러나 소명에서 나오는 불평은 요구라기보다는 초대다. 나는 내 삶에서 그리스도인 수집가가 별로 없다고 말하면서 웃고 있었다. 또한 기억하기로 그것은 요구라기보다는 기도였다.

역경 속에서도 긍정적 관점을 갖는 것은 소명을 인식할 때 고려해야 할 주요 요소 중 하나다. 우리는 예술가로서 마주하게 되는 너무나도 많은 닫힌 문 때문에 포기하기보다, 또한 '세상의 필요를 만족시키지 못하는 우리의 예술' 때문에 세상을 향해 화를 내기보다, 우리에게 부족한 것 안에서 즐거워할 수 있다. 궁극적으로 우리의 울부짖음에 응답하시고 우리의 여정을 위해 양식을 공급하실 분은 위대한 예술가 하나님이시기 때문이다.

예수님은 마태복음 5:10에서 "의를 위하여 박해를 받은 사람은 복이 있다"고 말씀하신다. 그분은 자신을 따르는 다른 어떤 무리만큼이나 예술가들에게 말씀하고 계신다. 어떤 선교사나 교회의 성도와 마찬가지로 예술가도 하나님이 부르신다. 예술가든 그 밖의 사람들이든 우리 모두는 부르심에 응답하려 할 때 어느 정도 어려움을 만난다. 그러나 우리 모두는 사랑으로 부름받았고, 따라서 우리의 부르심을 대담하게 선포할 필요가 있다. 그러한 더 큰 사랑으로의 부르심을 받아 창작을 하는 예술가들에게, 예술은 그들의 현실과 그들 존재 자체의 핵심이기 때문이다. 에밀리 디킨슨이 글을 써야만 했고 빈센트 반 고흐가 그림을 그려야만 했으며 머핼리아 잭슨이 노래를 해야만 했듯, 우리 역시 더 큰 인식의 조건, 모든 사람을 위한 돌봄이라는 새로운 전망을 창조하기 위해 계속 길을 가야만 한다.

17 불안의 시대에 문화의 토양 기경하기

2011년 여름, 한 일본인 농부가 지진으로 파손된 후쿠시마 제1 원자력 발전소에서 몇 마일 떨어진 오염된 땅에 해바라기 씨앗을 심었다. 2011년 3월 11일에 덮친 엄청난 쓰나미 이후 방사능이 계속 유출되고 있었다. 그 농부는 왜 그런 일을 했을까? 그는 해바라기가 방사능 동위원소를 빨아들여 그 씨앗에 저장하는 특별한 능력이 있다는 것을 알았기 때문이다. 농부는 방사능 깍지를 가진 꽃을 수확하는 대신 땅이 덜 오염되게 만들 것이다.

만약 문화의 토양 역시 회복할 수 없을 만큼 오염되어 있다면 어떨까? 그 땅을 일구려는 어떤 노력이라도 가치가 있을까? 이 책을 쓰면서 이러한 질문들이 머릿속을 맴돌았다. 어떤 사람들은 우리의 문화를 '죽음의 문화'로 간주했고, 우리 문화의 토양이 후쿠시마처럼 버려진 땅이라고 믿었다.

해바라기 농부의 이 이야기는 땅이 방사능에 오염되었을지라도 여전히 우리는 농부가 되어야 한다고 말해 준다.

◇ ◇ ◇

미시간에서 문화 돌봄에 관해 강연을 했을 때였다. 강연 후에 무슬림 여성 학자가 나를 찾아와 눈물을 흘리며 말했는데, 나도 함께 울었다. "나의 조국에서 문화 전쟁은 말 그대로 삶이냐 죽음이냐를 의미합니다. 문화 돌봄이 생명을 구할 수 있다는 당신의 논지에 감사드려요."

이 논지에 대해 강연을 시작했을 때, 나는 문화 돌봄이 실제로 생명을 구할 수 있다고는 상상하지 못했다. 그러나 이 여성이 떠나온 지역의 문화가 겪고 있는 곤경을 생각하자 그가 옳음을 깨달았다. 더 나아가, 오늘날 미국이 끼치는 영향력의 범위를 고려하면 문화 전쟁이라는 수사는 말 그대로 전쟁으로 이어질 수도 있다. 그러한 양극화된 상황에서 우리는 다양성과 다수의 대화로 나아가는 또 다른 길을 만들어야 한다.

문화 돌봄의 주체들은 문화의 토양 안에서 선하고 참되며 아름다운 것을 길러 낸다. 라인홀드 니버(Reinhold Niebuhr)는 "민주주의는 해결할 수 없는 문제들을 위해 가장 가까운 해결책을 찾는 방법이다"라고 말했다.[1] 민주주의가 성장하기 위해서는 좋은 문화의 토양이 필요하므로, "가장 가까운 해결책"은 문화를 돌보는 특권을 더욱 강화할 수 있다. 목표는 어떤 대가를 치르고서라도 이기는 것이 아니다. 지도자가 누구든 상관없이, 민주주의는 복합적인 다원주의의 해결 불가능한 문제를 해결할 수 있다고 주장하지 않는다. 니버 역시 우리에게 경고한다. "참되고 아름답고 선한 어떤 것도 역사의 당대 맥락에서는 완벽하게 이치에 들어맞지 못한다. 그런 까닭에 우리는 믿음으로 구원받아야 한다."² 문화 돌봄은 여러 세대를 아우르는 일이고, 따라서 큰 믿음이 요구된다.

마틴 루서 킹 주니어 목사는 멤피스에서 총에 맞아 죽기 바로 전날, 지금은 '산꼭대기 연설'로 알려진 감동적인 연설을 했다. 거기서 그는 이렇게 말했다. "지금까지 오랫동안 사람들은 전쟁과 평화에 대해 말해 왔습니다. 그러나 이제는 더 이상 그것에 관해 말할 수 없습니다. 이 세상에서의 선택은 더 이상 폭력이냐 비폭력이냐가 아닙니다. 비폭력이냐 비존재냐의 선택입니다. 바로 그것이 오늘 우리가 서 있는 자리입니다."³

그렇듯 방사능에 오염되고 두려움으로 가득 찬 문화 가운데서 "오늘 내게는 꿈이 있습니다"라고 말하는 것이 무슨 의미가 있는가? 우리는 "더 이상 폭력이냐 비폭력이냐"의 선택이 아니라 "비폭력이냐 비존재냐"의 선택임을 지적했던 킹 목사의 훈계를 기억해야 한다. 무슬림 학자가 나에게 상기시켜 준 것처럼, 비폭력과 비존재 사이의 선택은 엄중한 현실이다. 문화 돌봄은 더 이상 필수적이지 않은 사치가 아니라, 우리 시대의 마르고 오염된 토양에 소망의 씨앗을 심는 유일한 방법이다.

진정으로, "오늘 내게는 꿈이 있습니다"라고 말하는 것은 실망과 두려움, 트라우마라는 방사능으로 오염된 땅에 소망의 씨앗을 심는 일이다.

상대편을 악마처럼 만듦으로써 문화 전쟁에서 '승리'할 때, 그 결과로 따라오는 마비와 실망은 풍요로운 땅보다는 균열의 확장을 불러온다. 세상에 대한 강한 신념을 갖는 것은 중요하지만, 문제는 누군가는 이기고 누군가는 져야 하는 제로섬(zero-sum) 환경을 상정하는 데 있다. 문화의 하구는 다양성에 근거해 번성한다. 따라서 문제는 첨예한 의견 차이를 일으키는 신념이 아니다. 우리의 환경이 매우 제한적인 자원만을 가졌다고 보는 것, 두려움 속에서 문화의 토양이 더 이상 풍요로운 장소가 될 수 없다고 믿는 것, 그리고 그 두려움에 사로잡히는 것, 바로 그것이 문제다.

두려움의 문화는 위대한 문화를 창조할 수 없다. 우리는 두려움과 불안에 대한 반응으로 위대한 예술을 창작하지 않는다. 반대로 우리는 문화를 사랑함으로써, 예술 창작의 재료가 되는 물질과 이야기를 사랑함으로써 위대한 예술을 만들어 낸다. 우리는 이웃을 내 몸처럼 사랑하고 심지어 원수조차 사랑할 수 있는 믿음을 가짐으로써 위대한 예술을 만든다. 문화의 하구가 혼성적 환경임을 기억해야 한다. 양극화된 문화를 통과하여 여행할 때, 우리는 공통의 기반을 찾을 수 없을지라도 여전히 차이를 가치 있게 여기고 사랑으로의 부르심에 귀를 기울이게 하는 길을 찾을 수 있다. 이 책의 원래 부제 가운데 '공동의 삶'(common life)이라는 용어는 '공통의 기반'과는 다르다. '공동의 삶'은 다원적 다양성을 전제하며, 이러한 차이들이 풍요로운 문화의 하구의 토대가 될 수 있음을 인정한다. 돌봄은 사람들이 더 큰 선을 열망하고 불의의 어두움을 통과하도록 적극적으로 중재하고 안내함으로써 문화가 활기를 회복할 수 있게 한다.

문화의 토양을 돌보기 위해 우리는 두려움을 넘어, 불안을 넘어, 절망을 넘어, 마음의 눈으로 보는 법을(엡 1:18) 배워야 한다. 특히 다양성 안에서 인내하고 참을성을 가지라. 이러한 차이점을 통해 깊이 사랑하라. 에이브러햄 링컨의 표현처럼 "우리의 더 나은 천사들"의 도시를 해산할 때까지 믿음을 잉태하고, 다른 이들에 대한 이해를 추구하는 상상력의 토양을 가꾸라. 그러면 어떤 일이 일어날까? 우리는 새로움의 향기로 가득 차 있고 화려함을 발산하는 도시, 태양을 향해 고개를 돌리는 밝은 해바라기 같은 사람들이 사는 도시를 보게 될 것이다. 하나님은 우리 시대의 트라우마와 환멸로부터 참되고 선하고 아름다운 것이 태어나게 하실 것이다. 그리고 불안의 시대, 두려움이라는 방사능 독으로부터 우리 땅을 정화하실 것이다.

성공회 신학자 W. H. 밴스톤(Vanstone)은 장인이 물건을 만드는 것을 보고 난 뒤 『사랑의 수고, 사랑의 비용』(*Love's Endeavour, Love's Expense*)에서 다음과 같이 썼다. "따라서 이 단순한 사건은 나로 하여금, 물질적 실재의 모든 측면이 갖는 중요성을 인식한다는 것은 인간의 안녕과 물질적 실재의 중요성 간의 상관성을 인식하는 것이 아니라 단순히 그것이 사랑의 수고라는 사실을 인식하는 것임을 깨닫게 해 주었고, 또한 물질적 실재의 중요성에 대해 책임감을 느끼는 것은 바로 사랑의 수고에 대한 책임감을 느끼는 것일 수 있음을 볼 수 있게 도와주었다."[4]

문화 돌봄은 문화의 토양에서 행하는 이러한 "사랑의 수고"다. 우리는 침입자로부터 우리의 땅을 보호할 필요가 있을지도 모르지만, 문화의 토양을 사랑으로 가꾸지 않는다면 그 땅을 침입할 가치가 있는 어떠한 열매도 맺지 못할 것이다. 문화의 토양이 풍성한 열매를 맺으면 그 땅은 우리의 몸을 계속 유지해 주는 양식뿐 아니라 그 이상, 곧 영혼을 위한 생성적 양식을 제공해 줄 것이고, 그리하여 우리는 그 식탁에 이방인과 우리의 원수까지도 초대할 수 있을 것이다(시 23편).

벌 비유

나는 벌들이 온통 윙윙거리는 곳에 서 있었다. 양봉가 중 한 명이 말했다. "벌이 귀 안으로 들어가지 못하게 하세요. 들어가려고 하면 잽싸게 털어 내세요. 한번 들어가면 못 나옵니다."

나는 럿거스 대학교 생태 센터의 평생 교육 프로그램인 양봉 초급 수업(Beeginner's Class, '벌초보자 반') 수강생 25명 가운데 하나였다. 아침 수업으로 꿀벌의 종류(7가지), 행동 양식, 기초적 벌 생태학(군집 생활을 하는 아주 복잡한 사회생물학)에 관해 설명한 뒤, 양봉가는 느닷없이 말했다. "좋습니다. 이제 밖으로 나가 벌집을 관찰할 차례입니다."

양봉가 밥은 말했다. "모직 스웨터를 입고 계시면 벗으세요. 벌이 스웨터 털에 뒤엉킬 수 있어요. 너무 겁이 나면 그냥 뒤로 물러서 있으세요. 벌들은 두려움을 감지합니다." 우리는 양봉가들을 따라 뉴저지의 쌀쌀한 가을 날씨 속에서 밖으로 나갔고, 절반 정도 갔을 때 나는 우리가 몸을 덮는 어떤 보호 장비나 얼굴 그물망, 머리 덮개도 착용하지 않았음을 깨달았다. 양봉가들은 벌집 상자가 있는 언덕 꼭대기로 그냥 우리를 이끌고 갔다. 마치 열광적인 10대리더가 차가운 호수로 뛰어들라고 부추기는 것을 듣고 있는 나이 어린 캠프 참가자가 된 기분이었다.

나는 무서워하는 학생들과 언덕 위의 벌집 무더기 사이 중간쯤에 있었다. 몇몇 학생만큼 대범하지는 못했지만, 밥이 상자를 열었을 때 떼를 지어 날아다니는 벌들이 만들어 내는 패턴이 아주 아름답다는 것은 발견했다. 그가 훈연기를 사용하는 법을 보여 주자 솔잎에서 피어오르는 톡 쏘는 연기가 공기 중에 퍼졌다. 나는 밥과 가까이 서 있었기에 그가 손등 위를 기어 다니는 벌 중 한 마리를 잡아 자기에게 침을 쏘도록 일부러 꽉 쥐는 것을 볼 수 있었다. 벌은 꿈틀대며 밥의 그을린 피부 안으로 꼬리를 들이밀었다. 그는 벌이 땅으로 떨어지게 내버려 두고는 우리에게 더 가까이 오라고 손짓했다. "작은 낭포가 진동하는 게 보이나요?"

그랬다. 하얗게 번들거리는 삼각형 모양의 낭포가 조그마한 심장처럼 침 끝에 아직 붙어 있었다. 벌은 침을 쏘면 죽기 때문에 자극하지 않으면 침을 쏘고 싶어 하지 않는다는 것을 배웠다.

"45초 남았어요." 밥이 말했다. "그냥 털어 내기만 하면 됩니다." 밥은 먼지를 털어 내듯 검지로 낭포를 털어 냈다. "이렇게 하면 독이 몸속에 들어가지 않습니다." 모두가 고개를 끄덕이기는 했지만, 밥이 생각하는 것만큼 정말로 벌이 무해한지에 대해서는 여전히 약간 의심스러웠다.

벌들은 당신이 자신들의 주변 환경을 점검하는 아침 임무의 일부인 양 당신을 조사한다. 몇 마리가 내 손 위를 기어 다니는 동안 (귀 안으로 기어 들어올 거라고 상상했지만, 실제로 그렇지는 않았다) 나는 뭔가를 깨달았다.

예술가는 벌과 같다.

예술가는 침을 쏜다. 혹은 적어도 그렇다고 평판이 나 있다. 교회를 포함한 다양한 공동체에서 예술가들은 다루기 힘들고 심지어 그룹에 독을 퍼뜨린다는 평판을 듣는다. 또한 예술가는 호기심 많은 생명체로, 윙윙거리며 주변을 돌아다니고 예상하지 못했던 장소에서 아름다움을 발견하기 위해 틈새를 들여다본다. 그렇게 여기저기 뒤지고 다니는 예술가, 즉 '메악스타파'는 이상해 보이거나 심지어 위험해 보일 수 있다. 사람들은 미술관, 특히 현대관에 들어갈 때 보호 장비를 찾는다. 대부분의 예술가들이 침을 쏘고 싶어 하지 않지만, 직관력 있는 탐험가이므로 당신의 두려움을 지각할 수 있다.

우리 모두는 꿀벌과 양봉가로부터 배울 필요가 있다. 우리의 생태계는 벌을 심각하게 필요로 한다. 벌집 붕괴 증후군이 널리 퍼지고 있는데[양봉가에 따르면 꿀벌응애(bee mites)* 때문이다], 벌의 수분 작용이 없다면 과일이나 야채 생산도 극히 제한될 것이다. 아몬드 꽃을 수분시키기 위해 캘리포니아 아몬드 산업에서만 160만 개의 벌 떼를 다른 주에서 들여왔다. 밥은 벌을 길러 수분 철에 플로리다와 캘리포니아로 보내는 수출업자 가운데 하나였다.

문화의 들판 역시 수분 작용이 절실히 필요하다. 예술가는 문화의 꽃가루를 옮기는 존재이며, 문화는 예술가의 노력이 없다면 꽃

---

* 꿀벌을 숙주로 삼는 진드기의 일종이다.

을 피울 수 없다.

훌륭한 문화 돌봄의 보호자가 존재하는 곳에서 예술가들은 그저 자유롭게 여기저기 돌아다니며 꽃가루를 옮길 수 있다. 많은 이들은 예술가가 침을 쏘는 사람이라 생각하여 거리를 두려 하고, 그 결과 예술가는 공동체에서 의도적으로 고립된다. 그러나 예술가는 문화 전체에 아주 중요한 존재이며, 내가 아는 예술가들은 누구에게도 침을 쏘고 싶어 하지 않는다.

예술가가 대부분의 사람들이 살아가는 실제 현실에서 동떨어진 채 존재함으로 인해, 예술(특히 '고급 예술' 범주에 속한, 대문자로 표시하는 'Art')은 엘리트주의적 활동이 되어 왔다. 우리는 그동안 예술가의 영향력을 제한된 구역 안에 격리시켜 왔으나, 이제는 그들을 더 넓은 초원에 풀어 줄 시간이다. 또한 오랜 세월 지속된 문화 전쟁에서 비롯된 양극화된 현실로 인해 우리는 예술가들이 생계를 유지할 수 없거나 미래 시대의 예술 지도자를 생산하지 못하는 '벌집 붕괴' 현상도 겪고 있다.

꿀벌은 벌집에서 4킬로미터 떨어져 있는 꽃까지 수분시킬 수 있다. 일벌이 벌집으로 돌아와 일련의 복잡한 춤을 추면서 다른 벌들에게 꽃의 위치를 알려 주는 현상에 대해 많은 사회생태학 연구가 이루어졌다. '메악스타파', 즉 문화의 영역에서 경계를 걷는 예술가 역시 문화에서 도달할 수 있는 가장 먼 지점까지 정찰하고, 심지어 문화의 꿀이 있는 곳을 알려 주는 일련의 복잡한 춤과 예술을 창조해 내기도 한다.

벌은 탐험의 결과로 꿀을 내놓는다. 달콤하고 맛 좋은 꿀은 오래 보관할 수 있고 잘 상하지 않는다. 그러한 매력 넘치는 결과는 문화의 하구가 만들어 내는 생산물이다. 우리의 예술 역시 경계를 걷는 우리의 여정에서 따온 오래가는 꿀이 될 수 있을까? 우리의 예술이 우리를 양육하고 보존하시고자 하는 하나님의 선한 계획의 일부가 되어, 배가 고프거나 쓴 마음을 가진 많은 영혼을 먹일 수 있다면 어떨까? 바로 그런 것이 문화 돌봄의 여정이다.

18 새로운 어휘, 새로운 이야기

문화 돌봄의 전반적 전략은 문화의 하구를 조성하는 것이다. 독서 모임, 교회, 학교는 돌봄의 소세계가 될 수 있다. 이런 모임들을 돕기 위해 두 사람의 초기 실행가 줄리 실랜더(Julie Silander)와 피터 에드먼(Peter Edman)이 이 책 말미에 있는 토론 가이드를 개발했다. 모두가 그 과정에 참여할 수 있다. 계속 이야기하고 있듯, 그러한 항구를 만들려면 먼저 틀에 박힌 일부 문화적 관점을 재점검하고 대화에 새 어휘를 주입함으로써 문화 전쟁에서 문화 돌봄으로 나아가야 한다. 한 가지 예로 끝을 맺고자 한다.

비올라 대학교에 방문했을 때, 거기서 예술 학부를 졸업한 한 여성 사진작가와 대화를 나누었다. 그는 창작 활동을 하면서 생계유지를 위해 자신의 기술을 활용하여 웨딩 촬영도 한다. 우리는 문화 돌봄에 대해 토론하면서 '사진을 찍는다'(taking a photograph)는 표현에 문제가 있다는 데 동의했다. 사진을 찍을 때, 정확하게 우리는 무슨 일을 하고 있는가? 영화 〈아라비아의 로렌스〉(Lawrence of

Arabia)에 등장하는 어떤 인물들이 사진이 사람의 영혼을 훔친다고 생각했듯이, 우리는 그 사람의 이미지를 취하고(take) 있는가?

　파파라치가 상업적 이익을 위해서나 스캔들을 폭로하는 짜릿함을 위해 유명인들의 사진을 찍는 것은, 그들을 인간이 아닌 사물로 취급한다는 점에서 정말로 누군가에게서 영혼을 빼앗는 일이다. 수많은 유명 배우와 가수가 좀비같이 탈진한 상태에 빠지고, 인간성에 대해 깊고 단단히 새겨진 감각을 사람들에게 전달해 주어야 할 그들의 타고난 재능이 무감각해지고 생경해지는 것처럼 보이는 데에는 이러한 사진들이 한몫하고 있지 않을까? 또한 사진 촬영은 분열을 증폭시키기 위해 이미지를 조작하는 문화 전쟁의 사고방식을 강화하기도 한다.

　이 사진작가와 나는 훌륭한 대안에 함께 도달했다. 사진을 '취하다'(take)라고 하는 대신 '선물하다'(gift)라고 하면 어떨까? 카메라 앞에 앉은 그 사람에게 주는 선물로써 사진 작업을 하는 것이 과연 가능할까? 상업 사진작가는 생계유지를 위한 상업 사진의 거래적 본성을 어떻게 수정할 수 있으며, 더 훌륭하게는 어떻게 생성적일 수 있을까? 이는 단순하고 심지어 순진한 접근처럼 보일 수 있다. 그러나 말에는 힘이 있다. 사진 촬영에 내포된 사고방식 및 우리가 사진에 대해 말하는 방식은, 『앵무새 죽이기』에서 스카웃의 개입이 그러했듯이 선지자적이면서 동시에 순수할 수 있다.

　국제예술운동은 이러한 방식으로 재형상화를 돕고자 노력하고 있다. 브렘 센터는 창조적인 학생들이 자신의 신학적·영적·문화적 구조를 통합하도록 훈련한다. 국제예술운동은 그러한 변화된 시각으로 이루어지는 운동이 사진가의 스튜디오에서, 예술가의 이젤에서, 또한 연극 무대에서 실행될 수 있는지 확인하는 실험 장소다. 따라서 우리가 앞으로 나아갈 때 여러분도 함께 여행하기를 권한다. 이 책의 어떤 것이 당신의 마음을 흔들었다면, 그 원칙을 당신의 삶과 예술에 적용하기 시작하라. 그런 후 어떤 일이 일어나는지 우리에게 알려 주기 바란다.

기억하라. 생성적으로 생각하고 행동하지 못한 우리의 실패, 그리고 그러한 실패를 인정하는 것이 생성력을 향해 나아가는 첫걸음이다. 문화 돌봄의 모임은 처음에는 그저 우리가 생성적이지 못함을 인정하고, 그러나 서로에게서 기꺼이 배우고자 하는 사람들의 모임처럼 보일 수 있다. 생성적이 되는 것은 불변의 원리이며 지속적인 과정이다. 우리는 눈앞에서 썩어 가고 있는 것을 재생시키거나 죽어 가는 문화에 맞서 대항할 능력이 우리 안에 없음을 인정해야 한다. 그러나 이를 출발점으로 삼아 웬델 베리가 땅의 선물, 문화의 선물이라 부르는 것에 다가갈 수 있다.

우리의 작업이 문화의 토양에 심기는 씨앗이 되기를. 더 훌륭하게는, 이 대화가 그 토양을 경작하는 우리의 손을 강하게 만들어 줌으로써 훌륭한 씨앗이 깊이 뿌리내리고 번성할 수 있게 하기를. 문화의 정원, 문화의 과수원이 내 손자 손녀를 포함한 많은 생명체를 위한 안식처가 되기를. 우리가 가난한 이들에게 좋은 소식을 전하도록 임명받은 부르심을 받아들이고 경계와 주변부를 걸을 수 있기를.

◇ ◇ ◇

이 책의 첫머리에서 문화 돌봄을 소개하며 제기했던 질문에 드디어 답하려 한다. 우리의 삶에 아름다움이 **필요**한가? 만약 온전한 인간이 되기를 갈망한다면, 답은 절대적으로 '그렇다'이다.

그러나 지금까지 생각의 흐름을 따르다 보면, 이제 이 질문조차 궁극적으로 실용주의적임을 알 수 있다. '우리에게 무엇이 필요한가?'라는 질문은 '우리가 무엇을 갈망하는가?'로 바뀌어야 한다.

삶의 번영을 위한 성경적 비전, 하나님의 사랑 아래 온전히 살아가는 삶은 아름다운 것을 포함한다. 우리는 이것을 갈망한다. 당신은 어떤가? 당신은 무엇을 갈망하는가? 아름다움은 그 실재를 가리킬 수 있는가? 이 질문들에 대한 답을 어떻게 살아 낼 것인가는 당신에게 달려 있다. 그러나 이러한 질문을 추구한다면 우리의 영혼을 먹일 수 있을 것이다.

19 만약…?

만약 우리 각자가 사소한 방식일지라도 오늘 누군가의 삶에 아름다움을 가져오기 위해 노력한다면?

만약 우리가 믿음으로 각 순간을 발생적 순간으로 보며, 우리가 직면한 현재의 문제조차 발생적 기회로 본다면?

만약 예술가의 독립성과 창조성을 해결해야 할 문제로 취급하는 대신, 오늘날 끊임없이 변화하는 문화를 이끌어 갈 새로운 유형의 리더십을 위한 기회를 그들 안에서 발견한다면?

만약 예술가들이 단순한 자기표현이 아니라 관대함으로 유명해진다면?

만약 예술 학교가 오직 '성공'할 만한 예술가만 통과시키는 필터가 되기보다 문화 돌봄의 주체를 훈련하는 장소가 된다면?

만약 우리의 행동, 결정, 창조적 생산물을 향후 500년 및 여러 세대를 아우르는 관점에 비추어 생각한다면?

만약 우리가 신앙과 예술과 삶을 통합하고, 그에 대해 담대하게 말함으로써 경계를 침범하기 시작한다면?

만약 우리가 다른 문화의 생산물을 비난하고 배척하기보다, 문화에 신선한 창조성과 비전을 들려주는 일에 헌신한다면?

만약 우리가 예술을 단지 상품이 아닌 선물로 본다면?

만약 우리가 공동체 안의 경계를 걷는 이들에게 권한을 주고 그들을 지지하고 파송한다면?

만약 우리가 머핼리아 잭슨처럼 설교자와 지도자 뒤에서 "그들에게 꿈을 말하세요"라고 촉구한다면?

만약 우리가 사람들을 정의와 번영을 위한 운동으로 불러들일 노래를 만든다면?

만약 우리가 에밀리 디킨슨이 그랬던 것처럼, 세상이 아직 우리의 생각을 받아들일 준비가 되지 않았음을 알기에 남몰래 뭔가를 만든다면?

만약 우리가 옳은 일을 옹호하기 위해 기꺼이 좌천당하고 방대한 기록을 남김으로써 현재 상태에 도전할 수 있는 문화의 관리인이 된다면?

만약 우리가 관계적 자본이나 창조적 자본은 무한하다고 가정한다면? 그것은 우리의 경영 관행에 어떤 영향을 끼칠까?

만약 우리가 소유하거나 팔기 위해 사진을 '취하는'(찍는) 대신 사람들 안에 있는 기적의 빛을 나누기 위해 사진을 '선물'한다면?

당신의 '만약'들

당신 자신의 '만약' 문장들을 적고 친구들과 나누라. 당신의 공동체를 위한 계획이 탄생하는 것을 돕기 위해 이러한 문장들을 사용할 수 있는 방법을 생각해 보라.

20   마지막 꽃다발

이 책은 젊은 신혼부부 이야기에서 시작한다. 그런 의미에서 사랑하는 주디와의 여정이 이 책을 나오게 했다. 나는 그녀가 선물했던 꽃다발의 아름다움을 삶으로 살아 내기 위해 노력해 왔다. 그렇기에 2016년, 우리의 33년 결혼 생활이 갑자기 끝나게 되었음을 실로 애석한 마음으로 알리는 바다.

비록 이러한 깨어짐의 이야기를 전하게 되었지만, 나는 내게 주어졌던 주디라는 선물을 최선을 다해 사랑하고 소중히 여기고자 했으며 앞으로도 계속 그럴 거라고 확신한다. 나는 이 책의 어떤 것도 바꾸지 않기로 결정했으며, 책 맨 앞에 쓴 그녀와 그녀 가족에게 바치는 헌사 역시 여전히 유효하다. 그들은 내가 살면서 받은 최고의 선물이기 때문이다. 이 마지막 장을 쓰면서 나는 그들을, 또한 놀랍기만 한 우리의 세 자녀를 기억하며 감사한다.

나는 이 책에서, 삶에서 받는 모든 도전은 새로운 시작을 위한 기회라고 썼다. 지난 시간 동안 오래 지속되는 여러 겹의 트라우마를 겪으면서, 나는 내가 쓴 말을 정말로 믿어야 했다. 이 책의 모든 장이 새로운 의미를 얻었다. 인내하고 '잘 고통당하기' 위해 노력하는 지난 몇 개월간, 마치 과거의 내 목소리가 내 안에서 되살아나 다시 들려오는 것 같았다. 나의 여정에 갑자기 엄습한, 나를 압도하는 어두움과 슬픔에 직면하기 위해서 나 자신이 이 책 전체에서 울려 퍼졌던 그 생성적 목소리를 들어야 했다.

    삶에는 많은 어려움과 도전이 찾아온다. 예수님께서 약속하신 삶은 풍성하지만, 결코 쉽지는 않다. 아마 당신도 전혀 기대하지 않았던 어떤 것, 그토록 아끼는 누군가를 빼앗기는 것과 같이 생각조차 할 수 없던 일에 부딪친 경험이 있을 것이다. 문화 돌봄은 이상주의자의 현실 도피성 여행이 아니다. 문화 돌봄은 삶에 폭풍우가 몰아치더라도 자신의 삶과 문화를 힘차게 기경하고 매일 세심하게 돌보기를 요구한다. 문화 돌봄은 '현재의 어두움'이라는 혼란을 통해 얻게 되는 소망의 여정이다. 문화 돌봄은 은혜의 여정이다.

    우리의 삶에 깨어짐과 트라우마를 통한 돌봄이라는 흔적이 남아, 머지않아 올 새로운 봄을 맞이할 준비가 되게 해 주기를 바란다. 삶이라 불리는 그 토양에서 나올 더 많은 꽃다발이 있다. 그 봄을 아직 보지 못한다 해도, 그리고 **특히** 겨울이 혹독하고 오래 지속될 때, 그것은 '마지막 꽃다발'의 풍부한 색깔을 기억할 때다. 생성력은 우리의 삶과 문화 깊숙이 파고든 균열로부터, 현재의 아픔과 고통 즉 성 바울이 로마서 8장에서 말한 "해산의 고통"으로부터 태어난다. 내가 삶의 어려움 가운데 발견하고 있는 것처럼, 여러분도 이것이 참인 것을 발견하기를 바란다.

필요와 상관없는 후기

"금빛 바다"(Golden Sea)는 창조성에서 나온, 필요에 근거하지 않은 행동의 결과였다. 1년 반 동안 거의 은둔 생활을 하면서 『사복음서』(The Four Holy Gospels) 프로젝트 작업에 열중하던 중, 나는 140쪽 정도까지 진행되던 채색의 세부 작업을 잠시 멈출 필요가 있었다. 그래서 커다란 캔버스 위에 구모하다(Kumohada) 종이를 덮고, 어떤 목적도 부여하지 않은 채 그리기 시작했다. 그 작품을 기다리는 전시도 없었고 심지어 주제도 없었다. 그것은 나의 직관력을 위한 놀이터이자 재료가 층층이 쌓이고 나의 영혼에 양분을 공급해 주는 선물이 되어, 다시 채색 작업을 시작할 때에도 동작과 표현의 그러한 자유로움 안에서 작업할 수 있게 해 주었다.

    그 결과로 제작된, 이제 "금빛 바다"라는 제목으로 불리는 작품은 나의 경력에서 가장 중요한 작품 중 하나가 되었다. 『사복음서』의 출판사인 크로스웨이(Crossway)는 이 프로젝트를 영상으로 촬영하기 위해 내 아들 타이를 고용했다. 내가 채색본 작업을 하는 동안 작업실에 들어온 타이가 물었다. "아빠, 저 그림은 뭐예요?" 그때 그 그림은 60겹 이상의 미네랄과 금이 덧입혀진 상태였다. "나도 모르겠어." 나는 대답했다. "작업 중인 거야." 아들은 잠깐 멈추어 그림을 바라보았다. "아빠가 이 프로젝트에서 해 온 모든 것이 이 안에 들어 있어요."

2주 정도 후에, 내 작품을 전시하는 뉴욕 딜런 갤러리의 사장 밸러리 딜런이 채색 작업을 보러 작업실에 왔다가 비슷한 의견을 내놓았다. 곧 열릴 회고전 카탈로그에 관해 의논하던 중 밸러리는 이렇게 말했다. "당연히 저 그림을 표지로 쓰실 거죠?"

때로 최고의 작품은 당신이 전혀 기대하지 않고 행한 작업의 일상적 훈련에서 나온다. 그것은 필요에 근거하지 않고 처음에는 주변적이지만, 결국 당신이 누구인지의 핵심을 드러낸다. 당신의 직관은 합리적 이성이나 시장을 고려하기에 앞서 무엇이 표현되어야 하는지를 알기 때문이다.

나는 젊은 작가들에게, 아무에게도 보여 줄 의도 없이 그림을 그리든 출판사에 보내지 않아도 되는 시를 쓰든 언제나 아무도 모르게 창작하는 작품이 있어야 한다고 조언한다. 예술은 실리주의적인 경력 쌓기로만 제한되는 것에 저항하기 때문이다. 우리의 직관은 온전하게 인간적인 풍성한 기쁨을 갈망하는 것 같고, 그러한 기쁨은 하나님의 필요에 근거하지 않은 창조의 행동에 맞닿아 있다. 하나님은 우리가 존재하는 것이 필요하시지 않다. 즉, 우리는 하나님의 필요를 충족시키지 않는다. 우리는 사랑 안에서 창조되었으며, 우주는 사랑과 경이를 위해 창조하시는 창조주의 기쁨으로 가득 차 있다. 그리고 그 창조주는 우리에게 사랑과 경이라는 그 두 가지 모두를 확장시키는 일 안에서 놀이하는 역할을 부여하신다.

오늘, 바로 지금, '에밀리 디킨슨의 책상'에서 아무도 모르는 작업을 시작하라. 당신에게 주어진 재능이 당신의 직관을 기름지게 해 주길 기원한다.

우리의 삶, 우리의 신앙, 우리의 예술이 그러한 조건 없는 사랑과 경이를 반영하고 확장하기를.

우리가 언제나 기꺼이 꽃다발을 선물하는 사람들이 되기를, 심지어 자신이 아름다움을 갈망하고 있음을 깨닫지 못하는 예술가 혹은 문화에게도 그러하기를.

감사의 말

이 책은 원래 국제예술운동의 출판물로 후원을 받았다. 초기 편집 과정에 신경을 써 준 앤 스미스(Ann Smith), 광범위한 편집 작업을 담당한 피터 에드먼, 초판본을 아름답게 디자인해 준 린지 콜크(Lindsay Kolk)에게 감사하고 싶다. 또한 문화 돌봄을 소개하는 소책자 『생성적이 되는 것에 관하여』의 출판을 격려해 준 웨지우드 서클의 에이미 존스와 마크 로저스에게, 상을 받은 그 소책자 인쇄를 맡아 주었던 데샹 인쇄 팀에게, 그리고 이 책의 출판을 가능하게 해 준 '킥스타터' 캠페인에 참여한 많은 사람들에게도 감사한다. 문화 돌봄이라는 용어가 나오기 전부터 그들 스스로 문화 돌봄의 가치를 위한 본이 된 과거와 현재의 국제예술운동 이사회 및 실무진에게, 특히 이 책이 나오도록 후원해 준 크리스와 바버라 지아모나 부부(Chris and Barbara Giammona)에게 진심으로 감사드린다. 에이미 드와이어(Amy Dwyer)와 조 갤러거(Joe Gallegher)를 비롯한 많은 사람들이 내가 이 책을 쓰는 일에 시간을 할애할 수 있도록 결정적인 도움을 주었다. 마크 래버튼 총장의 비전 아래 풀러 신학교 교육에 문화 돌봄의 가치를 도입하도록 내게 맡겨진 브렘 센터의 새 직책에도 감사한다. 후지무라 연구소는 문화 돌봄의 가치를 학문 세계에 접목하며, 브렘/후지무라 작업실의 후지무라 연구원들은 문화 돌봄을 교회와 세상 안에서 실행한다. 우리가 함께하게 될 앞으로의 시간이 아주 기대된다.

또한 나에게 아름다움을 지속적으로 일깨워 주는 가족들에게 감사한다.

토론 가이드

줄리 실랜더 · 피터 에드먼

이 가이드에 관하여

다음 질문들은 문화 돌봄과 관련된 주제에 대한 개인 묵상과 그룹 토론에 더 큰 활력을 불러일으키기 위해 고안되었습니다. 각 그룹에서 대화를 이끌어 갈 사회자를 정하십시오. 모임마다 사회자는 미리 계획을 세우고 토론할 한두 장을 정한 뒤, 모임의 상황에 가장 적합하고 정해진 시간에 가장 알맞아 보이는 두세 가지 질문에 초점을 맞추십시오.

우리는 이 책과 주제에 관한 대화가 생성적일 뿐 아니라 의외성이 있기를 바랍니다. 따라서 여러분의 그룹에서 자연스럽게 제기되는 연관성 있는 질문이나 주제를 토론할 수 있는 시간을 남겨 두십시오. 그룹에서 나오는 생각이나 행동으로 옮기고 싶은 일을 계속 기록하고, 몇 달 뒤 그 기록을 다시 확인함으로써 여러분의 상황을 점검해 보십시오.

만약 이 책과 토론을 통해 창조적 여정을 시작하게 되었다면 우리와 나누어 주십시오. iamculturecare.com/contact로 연락하시거나, 트위터나 인스타그램에서 @IntlArtsMvmnt 계정을 태그해 주십시오. 국제예술운동 웹사이트 및 페이스북 그룹 페이지도 있습니다.

들어가는 말

- 당신과 다른 관점을 이해하려고 노력해 본 적이 있습니까? 그 경험은 어떤 것이었나요? 그 결과 당신은 어떻게 달라졌습니까?
- 개인적 관계, 직장 환경, 혹은 공동 작업에서 '이기기 위해 잔뜩 긴장한 자세'에서 '사랑 안에서 섬기기 위한 자세'로 바꾼 적이 있습니까? 무엇이 그런 변화를 일으켰습니까? 그 결과는 어땠나요?

01 생성적이 되는 것에 관하여

- '**생성적**'이라는 단어는 '(자식을) 낳다'(to beget)는 의미의 라틴어에서 나왔습니다. 꽃을 들고 온 주디가 집에 아름다움을 낳았고, 그것은 관점과 마음의 변화를 낳았으며, 다시 그것은 가정, 교회, 공동체에 여전히 영향을 끼치고 있는 성장하는 운동을 낳았습니다. 이러한 생성적 행동에 관한 이야기에서 어떤 부분이 당신에게 특별하게 다가옵니까?
- 이 장에 나오는 세 가지 G 중 놀랍게 느껴진 것이 있습니까? 과거 세대 혹은 다른 문화에 속한 사람들에게는 익숙할까요?
- 아름다움의 행위가 걱정의 고리에서 빠져나오게 해 준 적이 있습니까? 당신의 영혼을 먹이고 생존의 사고방식에서 벗어나도록 당신을 도와준 것은 무엇입니까? 그림을 그리듯 말로 표현해 보십시오.
- 저자는 "실패와 비극, 실망을 통해 뭔가가 깨어나는 것"에 대해 말합니다. 무엇이 깨어납니까? 실패 후에 찾아오는 "새로운 소망"은 당신에게 무엇을 의미합니까?
- 실패로 시작한 것이 성장을 가져왔던 경우에 대해 말해 보십시오.

- 당신은 누구의 영혼을 먹이고 싶습니까? 어떻게 먹이고 싶습니까? 기억하십시오. 한 영혼을 먹이는 일은 거창한 행위가 아니어도 됩니다. 그리고 그런 일이 거창한 행위인 경우는 드뭅니다.
- 당신의 공동체와 당신의 영향권에 있는 사람들에 대해 생각해 보십시오. 그들이 더 자주 관대함과 마주치게 될 때 그들 각자에게 어떤 변화가 일어날까요? 당신이 이 사람들에게 시간, 자원, 이야기, 선물을 주는 데 더욱 관대해지는 것은 어떻게 보일까요? 몇 가지 예를 들어 보십시오.
- 당신이 보다 관대해지는 것을 방해하는 두세 가지 요인을 말해 보십시오. 그러한 방해 요인을 피해 가려면 어떤 방법이 있습니까? 저자가 제안하는 관대함과의 조우가 주는 유익은 어떤 것입니까?

02　문화 돌봄의 정의

- 문화 돌봄을 "우리 문화의 '영혼'을 위한 돌봄"을 제공하는 것이라고 정의하는 데 공감하십니까?
- 앤디 크라우치는 건강한 사회란 가장 취약한 사람들이 번영을 누리는 수준에 의해 평가될 수 있다고 주장했습니다.[1] 당신이 사는 나라에서 가장 약자는 누구입니까? 당신이 속한 공동체에서는? 당신의 가족 중에는?
- 이러한 취약한 그룹에 속한 개인들에게 번영 곧 성장하고 번성하는 상태란 어떤 것일까요?
- 현재 환경적으로 염려가 되는 문제를 몇 가지만 말해 보십시오. 사람들은 그러한 현재의 혹은 잠재적 문제를 다루기 위해 어떤 일을

하고 있습니까? 이러한 접근이 문화의 영역, 즉 우리의 사회적 환경 안으로도 번역될 수 있을까요?(또한 번역되어야 할까요?)

- 우리의 문화를 설명해 주는 형용사를 몇 가지 나열해 보십시오. 그 중 사회의 건강에 대한 현재나 미래의 위협을 묘사하는 단어가 있습니까?

- 서로 다른 배경을 가진 사람들이 공동선에 기여할 수 있는 방법을 생각해 보십시오. 파편화된 문화에서 선한 의지를 지닌 개인으로 살아간다는 것은 무엇을 의미합니까?

- 저자는 문화 돌봄을 "생성적 사고의 실천"이라 요약합니다. 이 진술은 당신에게 무엇을 의미합니까?

03 검은 강, 갈라진 땅

- 당신이 속해 있는 공동체를 몇 군데만 말해 보십시오. 당신의 인생에 가장 큰 영향을 주는 공동체는 어디입니까? 당신이 영향력을 발휘하는 곳은 어디입니까?

- 저자는 "때로는 의존성이 더 눈에 띄고, 때로는 자신의 기여도에 더 집중하기도 하지만, 우리 모두는 공동체 안에 존재한다"고 말합니다. 공동체에서 더 의존적인 것처럼 보이는 사람들을 생각해 보십시오. 그들의 존재는 공동체에 무엇을 제공합니까?

- 당신이 열거한 각 공동체에서 어떤 종류의 영향력이 조화와 번영을 위협합니까? 외부적 매체, 즉 가족이나 지역 혹은 민족의 역사 등이 그 예일 수 있고, 혹은 교육의 차이일 수도 있습니다. 이는 대답하기 쉽지 않지만 중요한 질문입니다. 문화적 오염원 목록을 만드는 것에

대해 생각해 보고, 며칠간 그 목록을 추가해 보십시오.

- 문화의 파편화에 기여한 특정한 기술적 혹은 경제적 성공을 떠올릴 수 있습니까? 효율성을 진보와 동일시하는 밑바닥에 깔린 전제는 당신의 신앙 공동체, 이웃, 직장, 가족, 우정 안에서 어떤 식으로 실행됩니까?

- 만약 효율성의 가치가 덜 중요해진다면 이러한 각 사회적 관계는 어떻게 달라질까요? 더 느린 속도의 삶을 상상해 볼 수 있습니까? 당신의 인생에서 더 많은 여백을 만들어 낼 수 있는 방법에 대해 생각할 수 있습니까?

- 과도한 전문화 및 전문가에 대한 지나친 의존을 경험한 적이 있습니까? 당신 삶의 모든 역할과 수많은 책임에 관해 광범위한 지식을 가진 사람이 과연 있습니까?

- 의료, 교육, 정치 분야에서 윤리적이고 인간적인 행동은 누구의 책임일까요? 사회의 다른 어떤 분야가 떠오릅니까? 이 각각의 분야가 지금보다 덜 파편화된다면 사람들에게 돌아갈 유익에 관해 한 가지만 말해 보십시오.

- 효율성과 과도한 전문화를 강하게 밀어붙이는 힘은 예술 세계에서 어떤 식으로 드러났습니까? 저자가 예술계에서 발견한, 상업화 및 이념적 수탈이라는 궤적을 당신도 목격한 적이 있습니까?

- 예술가와 더 넓은 사회 사이의 괴리가 문제가 되는 이유는 무엇입니까?

04   문화 전쟁에서 공동의 삶으로

+ 문화 전쟁에서 두드러지는 사안을 한 가지 말해 보십시오. 이기려 하기보다 청지기 역할을 선택한 다른 목소리는 그러한 대화에서 어떤 말을 할 수 있을까요?

+ 저자는 "문화는 쟁취하거나 빼앗기는 영토가 아니라 우리가 돌보아 관리하도록 부름받은 자원"이라고 말합니다. 환경의 청지기가 어떻게 일하는지 생각해 보십시오. 창조성과 공동체를 지원하는 일에 이식할 수 있는 모델에는 어떤 것이 있습니까?

+ 관대함은 현재 문화 전쟁의 전투원들과의 대화에 어떤 영향을 줄 수 있습니까?

+ 나눔 대신 대립을 선택하는 것의 매력은 무엇입니까? 나눔을 향해 가는 변화를 위해서는 무엇이 필요합니까? 예술은 어떻게 그러한 변화를 촉진하는 것을 돕습니까?

+ 저자는 "파괴와 해체는 창조와 결속에 비해 훨씬 쉽다"고 일깨워 줍니다. 문화의 양성과 부흥을 위해 일하는 사람들에게 요청되는 인격적 특성은 무엇입니까?

05   영혼 돌봄

+ 당신의 나라, 도시, 혹은 마을 문화의 문제점을 세 가지 정도 말해 보십시오. 각 문제들에 내재된 근본 열망이 무엇이라고 생각합니까?

+ 당신은 문화적 자각 능력이 있는 사람들, 그리고 우리가 직면하는 문제에 내재된 인간의 열망을 볼 수 있는 사람들을 식별할 수 있습니까? 이러한 사람들은 대화에 어떤 공헌을 합니까? 당신은 그들을

어떻게 돕거나 따라할 수 있습니까? 만약 이와 같은 사람을 한 명도 찾을 수 없다면, 다른 사람들이 이러한 더 심오한 질문을 추구하도록 격려할 수 있는 방법을 생각할 수 있습니까?

- 당신의 인생에서 깨어짐을 발견하고 시인하는 것이 당신을 아름다움과 온전함, 혹은 치유로 나아가게 해 준 경우가 있다면 말해 보십시오.
- 아름다움을 더 깊이 보는 것과 관련된 (형식적이거나 비형식적인) 훈련이나 견습생 과정을 마지막으로 한 것은 언제입니까? 그것은 어떤 훈련이었습니까?
- 당신은 어떤 분야의 미학적 경험을 더 깊이 탐험해 보고 싶습니까? 그 첫걸음은 무엇일까요? 책을 읽거나 수업을 듣거나 강연이나 공연에 참석하거나, 심지어 그러한 방향에서 당신의 성장을 도와줄 수 있는 누군가와 함께 커피를 마시는 것을 고려해 보십시오.

06 아름다움은 영혼의 양식

- 아름다움의 기본 정의를 읽으면서 어떤 이미지가 머릿속에 떠올랐습니까? 감각을 즐겁게, 정신을 기쁘게, 영혼을 새롭게 해 주는 어떤 것을 가장 처음 경험한 기억은 무엇입니까? 말로 그림을 그리듯 설명해 보십시오.
- 생존과 번영의 차이를 어떻게 설명할 수 있습니까?
- 더 많은 (무상의) 아름다움을 창조하는 행위를 청지기 역할의 일부로, 혹은 하나님이 요청하신 일로 고려해 본 적이 있습니까? 만약 있다면, 그러한 믿음이 어떤 식으로 당신의 행동을 형성했습니까?

만약 그런 적이 없다면, 당신의 재능과 기술과 자원이 아름다움을 창조하는 데 어떻게 사용될 수 있을지 생각해 보십시오.

* 본문에서는 철학자 일레인 스캐리의 "결국 아름다움은 우리 자신 역시 잘못을 저지를 가능성이 있음을 볼 수 있게 한다"라는 말을 인용합니다. 당신은 이 문장을 어떻게 이해했습니까?
* 정의와 아름다움 간의 관계를 어떻게 설명하겠습니까?

07 주변부에서 나오는 리더십

* 당신이 그룹의 가장자리에 존재한다고 느낀 적이 있습니까? 그런 사람들을 알고 있습니까? '메악스타파' 개념이 당신에게 도움을 주거나 당신이 사회에 이바지할 수 있는 방식에 대해 아이디어를 주었습니까?
* 경계를 걷는 사람들의 가치를 요약해 보십시오. 그러한 역할이 가져올 수 있는 위험은 어떤 것이 있습니까?
* 예술가는 어떤 방식으로 문화에서 경계를 걷는 사람이 될 수 있습니까?
* 예술가는 '타자' 안에서 공통의 인간성을 볼 수 있다고 생각합니까? 만약 그렇다면, 그런 능력은 어디에서 오는 걸까요? 우리는 예술가의 예에서 무엇을 배울 수 있습니까?
* 문화적 표현에 적응력을 지니고 있으면서도, 일련의 핵심 신념을 고수하는 사람을 만나 본 적이 있습니까? 그들은 새로운 환경에 어떻게 반응합니까?

* 현재 우리 문화는 적응력과 핵심 신념을 붙드는 것 중 어느 쪽이 더 부족합니까? 교회의 경우는 어떻습니까?

08 "그들에게 꿈을 말하세요!"

* 저자는 하퍼 리의 『앵무새 죽이기』(또한 톨킨의 『반지의 제왕』)에 대해 논합니다. 다른 책이나 영화, 연극, 노래 가운데 그 작품들이 창조될 당시의 문화를 변화시키거나 형성한 경우를 생각할 수 있습니까?

* 지난 2-3주 동안 보았던 기사 제목들을 떠올려 보십시오. 오늘날의 문화에서는 어떤 개인이나 집단이 '타자' 혹은 희생양이 되는 것 같습니까? 당신이 언급한 그 경우에서, '정의'에 대한 요구를 몰아가는 핵심적 두려움은 무엇입니까? 이런 상황에서 두려움에서 물러나 서로가 공유하는 인간성 인식을 향해 작은 발걸음을 뗀다는 것은 어떤 것일까요? 당신이 첫 번째 작은 발걸음을 뗄 수 있는 방법을 생각해 보십시오.

* 당신에게 사회적 책임에 대한 생각을 형성할 수 있게 해 준 사람들의 이름을 말해 보십시오.

* 저자는 문화 안에서 화해를 이루는 사람들은 "어린아이처럼 말해야 [하며]", 그것은 "가식 없이 순수[하고], 확고한 소망에 가득 [차 있는]" 것이 포함된다고 제안합니다. 어린아이와 같음(childlikeness)에서 저자가 포착하는 다른 주제는 어떤 것이 있습니까? 이러한 특징을 드러내는 사람들을 본 적이 있습니까? 이러한 이상을 가로막는 장애물은 무엇입니까?

* 정의에 대한 요구가 이루어지는 방식이 아름다워야 할 이유는 무엇입니까?

09 주변부의 두 인생

- 두 사람의 삶에 대한 이야기에서 조명된 주제 중 당신에게 도전이 되거나 위안을 준 것이 있습니까?
- 에밀리 디킨슨과 빈센트 반 고흐에게 교회와의 관계란 어떤 것이었습니까? 교회는 두 사람을 어떻게 보았을까요?
- 오늘날 교회는 예술가들과 어떤 관계를 맺고 있다고 생각합니까? 그 이유는 무엇입니까?

10 별이 빛나는 밤, 우리의 소명

- 저자는 "단순히 인간으로서, 더 나아가 그리스도를 따르는 자로서 우리가 받은 소명은 우리의 직업이나 생존의 문제보다 더 넓으며, 이는 현대 세계에서도 마찬가지다"라고 말합니다. 당신의 소명이 지닌 다양한 측면을 표현해 주는 명사를 네다섯 가지 말해 보십시오. 어떤 단어가 **직업**이나 **생존**의 범주에 들어가지 않습니까?
- '유용하지' 않은 사람들이 '정상' 세계에서 유배되는 경우를 본 적이 있습니까? 그런 경우, 소외된 사람들의 유용성을 뛰어넘어 그들의 온전한 인간성에 주목하는 사람이 있었습니까? 어떤 일이 있었나요? 예를 들어 보십시오.
- 저자는 "예술은 궁극적으로 '쓸모'가 없다. 어떠한 실제적 기능도 하지 않는다"고 말합니다. 이 말에 동의하십니까? 동의하거나 하지 않는 이유는 무엇입니까? 이러한 특징이 예술을 없어서는 안 되는 것으로 만들어 주는 이유는 무엇일까요?
- '기독교 예술가'(Christian artist)—'예술가' 대신 당신이 선택한 다른

명사를 쓸 수 있습니다—와 '예술가인 그리스도인'(Christian who is an artist) 간의 차이는 무엇입니까? 저자는 왜 이러한 차이가 중요하다고 말합니까? '그리스도인'(Christian)이 명사보다 형용사로 사용되는 것을 어디에서 자주 봅니까? 그러한 예들 중 문제가 되는 경우가 있습니까?

- 예술은 **변성**과 **생존** 사이의 간극을 잇기 위해 어떤 역할을 어떻게 합니까?

11 문 열기

- 교회가 높은 담과 닫힌 문으로 엄격한 경계를 만들어 내는 것을 본 적이 있습니까? 그것이 적절한 경우가 있었습니까? 엄격한 경계가 선한 목자에 대한 신뢰의 부족을 의미할 수도 있는 상황을 만난 적이 있습니까?

- 당신이 받은 양육을 어떻게 묘사하겠습니까? (1) 우리 안에 갇혀서, (2) 우리 안에서 보호받는 동시에 자유롭게 푸른 목초지에서 풀을 뜯어 먹으며, (3) 문 밖에서.

- 세 가지 중 어느 것이 부모로서 당신의 양육 철학입니까?

- 세 가지 중 어느 것이 당신의 교회를 가장 잘 묘사합니까?

- 현재 당신에게는 안전한 우리 바깥에서 싱싱한 풀을 발견하는 장소가—또한 "이 우리에 속하지 않은" 예수님의 "다른 양들"을 마주치게 되는 장소가—있습니까? 잠재적으로 불편한 그런 환경 안에서 성령이 일하시는 것을 깨달은 적이 있습니까?

- 어떤 방법이 문을 닫아 놓는 것입니까? 문을 열기 위해서는 무엇을

바꾸어야 할까요? 교회가 (밖에 있는 양뿐만 아니라 안에 있는 양을 위해서도) 돌아갈 고향 같고 환영받는 곳이 된다는 것은 어떤 것일까요?

• 저자는 건강한 공동체를 어떻게 묘사합니까? 그런 공동체를 본 적이 있거나 그런 공동체에 속했던 적이 있습니까? 건강한 공동체를 가장 잘 묘사하는 형용사는 어떤 것들일까요? 건강한 공동체는 더 넓은 세상에 어떤 식으로 복이 됩니까?

12   문화의 토양 경작하기

• 문화를 토양으로 생각할 때, 우리의 책임인 것은 무엇이고 시간 혹은 하나님께 맡겨야 하는 것은 무엇입니까? 저자가 제안하는 '씨앗'이란 무엇입니까?

• 이전의 문화가 남긴 작품들(미술, 음악, 문학 같은 유형 문화재)은 우리 문화의 새로운 씨앗을 기름지게 하는 일에 어떤 식으로 공헌해 왔습니까? 하나나 두 가지의 예를 들어 보십시오.

• 우리가 하나님의 창조적 사역에 동참하라는 명령 아래 살고 있음을 상기해 주는 표지에 당신은 어떻게 반응합니까? 당신이 영향력을 발휘하는 영역은 어디입니까? 각 영역에서 당신이 하나님의 창조적 목적에 동참하고 그분의 예술성을 확장해 가며 무질서를 변화시키는 것에 이바지할 수 있는 실제 방법은 무엇입니까?

• 문화 돌봄은 복음이 퍼질 수 있는 길을 어떻게 준비합니까?

• 건강한 문화의 토양을 갖는 것이란 어떤 것입니까? 몇 가지 지표를 열거해 보십시오.

• 저자가 문화에 대해 장기적이고 공동체 차원에서 이루어지며 돌봄

을 제공하는 접근을 해야 한다고 주장하는 이유는 무엇입니까? 그는 인간의 타고난 재능이 적절하게 연결될 때 거기서 무엇이 자라날 수 있다고 예견합니까?

- 저자는 '비닐하우스' 경작법의 결점이 무엇이라고 봅니까?

13 문화의 하구

- 저자는 하구의 초점은 **보호**보다 **준비**라고 말합니다. 이러한 모델을 우정에 어떻게 적용할 수 있습니까? 부모의 역할에는? 교회에는?

- 당신에게는 하구 모델이 명확하게 느껴집니까, 아니면 조금 헷갈립니까? 당신이나 당신이 아는 예술가는 굴이나 연어와 비슷합니까, 아니면 완전히 다른 어떤 것과 더 비슷합니까?

- 저자는 하구 개념의 몇 가지 역사적 예를 간략하게 언급합니다. 그 중 당신에게 친숙한 것이 있습니까? 그러한 예에서 당신의 현재 맥락에 적용할 수 있는 교훈을 끌어낼 수 있습니까?

- 저자가 열거한, 예술가들이 일탈적이기보다 생성적이 될 수 있게 해 줄 실제 지원을 제공하는 다섯 단계를 설명해 보십시오. "우리는 그들을 우리의 대리인으로 임명한 뒤, 그들을 형성하고, 훈련하고, 임무를 주고, 후원할 수 있다." 이 다섯 단계 중 당신의 공동체에서 가장 잘 실천하고 있는 것은 무엇입니까? 그것은 어떤 모습으로 나타납니까?

- 당신의 자원, 시간, 재능을 고려할 때, 예술가를 지원하는 과정의 일부가 되기 위해(혹은 그러한 과정에 좀더 깊이 참여하기 위해) 당신이 가장 쉽게 한 걸음 들여놓을 수 있는 영역은 어디라고 생각하십니까?

14 문화 돌봄 관리인

* 저자는 문화 돌봄이 희생을 요구한다고 말합니다. 당신에게 희생이란 어떤 것입니까?

* 가장 처음으로 미술, 음악, 무용, 연극, 이야기에 자신이 연결되어 있다고 느끼거나 감동을 받았던 기억은 언제입니까? 그 장면을 몇 분 정도 자세히 나누어 보십시오.

* 저자는 성공의 척도는 효율성이 아니라 세대를 아우르는 가치라고 말합니다. 우리는 어떻게 그렇게 긴 기간에 걸쳐 노력을 지속할 수 있습니까? 이러한 평가 척도들은 본질적으로 서로 대립합니까? 서로 대립한다면 그 이유는 무엇이며, 대립하지 않는다면 그 이유는 무엇입니까?

* 문화 돌봄의 영향력이 우리 자녀들의 삶에서 명확하게 드러난다는 것은 어떤 것일까요?

15 경영 돌봄

* 당신의 공동체에서 두세 명의 창조적 촉매자를 생각해 볼 수 있습니까?

* 경제인의 세계와 창조적인 사람 간의 연대 형성을 가로막는 장애물을 열거해 보십시오. 그러한 장애물을 극복하기 위해 내디뎌야 할 한 걸음은 무엇입니까?

* 경제인들을 그러한 대화로 어떻게 초대할 수 있을까요?

* 이 장은 어떤 운동이든 세 가지 종류의 자본이 필요하다고 제안하면서 '인간성을 회복한 자본주의'에 대한 생생한 그림을 제공합니다.

당신의 공동체에서는 이 세 요소 중 어떤 것이 가장 강력하며 어떤 것이 가장 약합니까? 가장 약한 요소를 어떻게 강화할 수 있을까요?

- **지속 가능한** 것과 **생성적인** 것 사이의 차이는 무엇입니까?

16 예술가를 위한 실질적 충고

- 저자는 예술가들이 생계를 위해 고군분투할 때 선택하게 되는 생존 모드를 생성적인 길과 어떻게 구분합니까?
- 자원(시간, 돈, 재능)을 즉각적 경험에 투자하기보다 500년 후에도 지속될 수 있는 파급 효과를 낳는 일에 투자하는 것이란 실질적으로 어떤 의미입니까? 당신의 투자가 어느 쪽인지 식별할 수 있는 리트머스 시험지는 무엇일까요?
- 당신은 소명을 향해 걷는 길에서 언제 닫힌 문을 경험했습니까? 그러한 어려움에 직면했을 당시 자신의 태도를 어떻게 기술하겠습니까? 당신은 역경을 통과하면서도 인내할 수 있을 만큼 충분히 긍정적인 모습을 유지할 수 있었습니까?
- "쉬운 길"과 "풍요로운 길" 사이의 구분에 공감하십니까?

17 불안의 시대에 문화의 토양 기경하기

- 문화 돌봄이 실제로 생명을 구한다는 생각에 동의하십니까? 당신이 속한 맥락에서 그런 일은 어떤 식으로 일어날 것 같습니까?
- '공통의 기반'과 '공동의 삶'의 차이점은 무엇입니까?
- 뚜렷한 차이에도 불구하고 공동의 삶을 위해 함께 노력하는 사람의 예를 알고 있습니까?

- 저자는 벌처럼 "예술가들은 다루기 힘들고 심지어 그룹에 독을 퍼뜨린다는 평판을 듣[고]" 종종 공동체에서 고립된다고 말합니다. 이런 경우를 본 적이 있습니까? 이런 일은 예술가와 공동체에 어떤 영향을 끼칩니까?
- 어떻게 하면 예술과 예술가가 격리되고 엘리트주의적이 되는 대신, 모든 이들의 삶의 현실 안으로 보다 통합되어 들어갈 수 있을까요?

18   새로운 어휘, 새로운 이야기

- 당신에게 문화의 하구, 돌봄의 소세계가 되어 주는 그룹이 있습니까?
- 지난 몇 년간 나누었던 대화를 떠올려 보십시오. 당신은 문화 전쟁에 참여하거나 문화 전쟁의 어휘를 사용했습니까? 문화 돌봄의 원칙에 따라 얼마 동안 지낸 다음에는 유사한 대화에 어떻게 접근하게 될 것 같습니까?
- 이 책을 읽으면서 어떤 원칙이 당신에게 가장 큰 영향을 주었습니까? 어떤 생각이나 아이디어의 자극을 받았습니까?
- 당신은 인생에서 무엇을 갈망합니까? 공동체에서는 무엇을 갈망합니까? 교회에서는? 직장에서는?
- 아름다움은 그러한 갈망과 어떤 관계가 있어야 할까요?

19   만약…?

- 여기에 열거된 목록 중 서너 가지를 선택해 응답해 보십시오. 일기를 써도 좋고 그림을 그려도 좋습니다. 당신의 여정에서 이 지점을 기억하게 해 줄 만한 뭔가를 창조하십시오.

필요와 상관없는 후기

+ 이 책에 언급된 저자의 인생 이야기를 생각해 보십시오. 그는 공동체를 위해 일하고 예술의 공적 역할을 주장하고 있지만, 여기서는 혼자 아무도 모르게 작업한 작품에 대해 말합니다. 아무도 모르게 하는 일과 앞서 소개된 영혼 돌봄의 개념 사이에는 연관성이 있습니까?

+ '아무도 모르게 창작하는' 것에 대해 생각해 본 적이 있습니까? 그렇게 하는 데서 어떤 가치를 찾을 수 있습니까? 실제로 창작을 하는 작가든 아니든, 당신이 하나님의 조건 없는 창조성에 참여하고 그것을 확장할 수 있는, 아무도 모르게 만들기 시작할 수 있는 것이 무엇일지 생각해 보십시오. 어떤 발걸음을 떼시겠습니까? 어떤 희생이 요구될까요?

주

02 문화 돌봄의 정의

1 Noam Chomsky, *On Language* (New York: New Press, 2007)를 보라.

03 검은 강, 갈라진 땅

1 이 일화에 대해서는 "Refractions 24: The Resonance of Being"에서 쓴 바 있다. www.makotofujimura.com/writings/refractions-24-the-resonance-of-being (2007년 6월 14일).
2 우리를 계속 격려하는 'Nigelisms'에 대해 Nigel Goodwin에게 감사드린다. 그는 종종 자신의 문구를 이렇게 끝맺는다. "그리고 우리는 되어 가는 중인 인간(human becomings)이다."
3 Robert Hughes, *The Shock of the New* (New York: McGraw Hill, 2009)를 보라.『새로움의 충격』(미진사).

04 문화 전쟁에서 공동의 삶으로

1 James Davison Hunter, *Culture Wars: The Struggle to Define America* (New York: Basic Books, 1991), 325.

2 예를 들어, 예술가 Dario Robleto와의 인터뷰를 들어 보라. "Dario Robleto—Sculptor of Memory", *On Being*, 인터뷰 진행 Krista Tippett, www.onbeing.org/program/dario-robleto-sculptor-of-memory/6640 (2014년 7월 24일).

3 T. S. Eliot, *Notes Towards the Definition of Culture* (New York: Harcourt, Brace and Company, 1949), 26.

05 영혼 돌봄

1 Erwin Raphael McManus, *The Artisan Soul* (New York: HarperOne, 2014), 33-34.

2 Wesley Hill, wesleyhill.tumblr.com, 2014년 7월 10일 포스팅에서 언급.

06 아름다움은 영혼의 양식

1 John Ortberg, "Dallas Willard, a Man from Another 'Time Zone'", *Christianity Today*, www.christianitytoday.com/ct/2013/may-web-only/man-from-another-time-zone.html (2013년 5월 8일)에서 인용.

2 Roger Scruton의 강연 (2009년 12월 1일, Washington DC, University Club).

3 J. R. R. Tolkien, "On Fairy Stories", in *The Tolkien Reader* (New York: Ballantine Books, 1966), 58.

4 Elaine Scarry, *On Beauty and Being Just* (Princeton, NJ: Princeton University Press, 1999), 31, 35. 『C』(도서출판b).

07 주변부에서 나오는 리더십

1 '메악스타파'(mearcstapa)는 Grendel을 묘사하기 위해 사용한 몇 가지 단어 중 하나다. 메악스타파 협회(Mearcstapa organization) 홈페이지 www.mearcstapa.org를 보라. 유익한 논문으로는, Erica Weaver, "*Beowulf* and the Anglo-Saxon Mark: Borders, Transgression, and Grendel's Arm" (2011년 3월, Brown University, New England Medieval Studies Consortium Graduate Student

Conference 발표 논문), *Sententiae: The Harvard Undergraduate Journal of Medieval Studies* (2011년 6월 2일)에 실림.
2 J. R. R. Tolkien, *The Lord of the Rings: The Fellowship of the Ring* (New York: Ballantine, 1973), 232. 『반지의 제왕 1: 반지 원정대』(씨앗을뿌리는 사람).

08　"그들에게 꿈을 말하세요!"

1 Harper Lee, *To Kill a Mockingbird* (New York: HarperCollins, 2002), 39. 『앵무새 죽이기』(열린책들).
2 같은 책, 6.
3 같은 책, 205.
4 같은 책.
5 많은 그리스도인이 문화적 생산물에 대해 비슷한 반응을 보이면서, 진실을 볼 만큼 충분히 깊이 들어가기보다는 표면적으로 거슬리는 부분에만 초점을 맞춘다.
6 스카웃은 젬이 눈에 띄지 않게 하려고 어떤 남자의 정강이를 찬다. 진정한 비폭력이 어렵다는 것 역시 일깨워 주는 대목이다.
7 Clarence Benjamin Jones, "On Martin Luther King Day, Remembering the First Draft of 'I Have a Dream'", *The Washington Post*, 2011년 1월 16일자, www.washingtonpost.com/wp-dyn/content/article/2011/01/14/AR2011011406266.html.
8 Howard E. Gardner, *Intelligence Reframed: Multiple Intelligences for the 21st Century* (New York: Basic Books, 2000), 130-149. 『다중지능』(웅진지식하우스).
9 Alden Whitman, "Mahalia Jackson, Gospel Singer and a Civil Rights Symbol, Dies", *New York Times*, 1972년 1월 28일자에서 인용.

09　주변부의 두 인생

1 이 장은 다음 글을 수정해 사용한 부분을 포함한다. "Refractions 36: 'The

Hyphen of the Sea'—A Journey with Emily Dickinson (Part 1)", www.makotofujimura.com/writings/refractions-36-the-hyphen-of-the-sea-a-journey-with-emily-dickinson-part-1, 2011년 5월 25일.

2   Emily Dickinson, *The Poems of Emily Dickinson: Reading Edition*, ed. Ralph W. Franklin (Cambridge, MA: The Belknap Press of Harvard University Press, 1951).

3   에스겔서, 특히 1, 3, 10, 11장을 보라.

4   Sydney R. McLean, "Emily Dickinson at Mount Holyoke", *The New England Quarterly* 7, no. 1 (1934): 25-42.

5   Roger Lundin, *Emily Dickinson and the Art of Belief*, Library of Religious Biography (Grand Rapids: Eerdmans, 1998), 53.

6   Letter #164, from Vincent van Gogh to Theo van Gogh, c.1881년 12월 21일. http://vangoghletters.org를 보라.

7   Fritz Erpel, *Van Gogh: The Self-Portraits* (New York: New York Graphic Society, 1969), 17에서 인용.

8   이 부분과 다음 장에 나오는 일부분은 2012년 비올라 대학교 대학원 졸업 연설에서 가져왔다. 전문은 "'The Starry Night': Biola University Commencement Address, May, 2012", www.makotofujimura.com/writings/the-starry-night-biola-university-commencement-address-may-2012 (2012년 5월 26일)에서 볼 수 있다.

9   Letter B8, from Vincent van Gogh to Émile Bernard, June 23, 1888; in *Vincent van Gogh: Painted with Words* (New York: Rizzoli, 2007), 190-192.

10   별이 빛나는 밤, 우리의 소명

1   Dana Gioia, 졸업 연설문 (Stanford University, Stanford, CA, 2007년 6월 18일).

11 문 열기

1 씨제이가 걸었던 여정이 나에게 '메악스타파'의 역할을 가르쳐 주었음에 감사한다. 이 장은 씨제이의 허락하에, 그가 독자들에게 전하는 선물이다.
2 이 부분은 다음과 같이 원래 게재되었던 글에서 가져왔다. Makoto Fujimura, "Artist in Residence Series: Culture Care for Churches", *Transpositions* (University of St. Andrews, the Institute for Theology, Imagination and the Arts 블로그), www.transpositions.co.uk/culture-care-for-churches (2014년 3월 26일).
3 이러한 관찰력에 대해 Gordon Pennington에게 감사드린다.

12 문화의 토양 경작하기

1 Christian Wiman, "Varieties of Quiet", *Image* 73 (2012), https://imagejournal.org/article/varieties-of-quiet.
2 Wendell Berry, "The Gift of Good Land", *Flourish Magazine*, Fall 2009, www.flourishonline.org/2011/04/wendell-berry-gift-of-good-land.
3 Lewis Hyde, *The Gift: Creativity and the Artist in the Modern World*, 2nd ed. (New York: Vintage, 2007), xvi.

14 문화 돌봄 관리인

1 *America's First River: Bill Moyers on the Hudson*, Part 2, PBS/Public Affairs Television, Inc., 2002 대본에서 가져왔다. www-tc.pbs.org/now/science/HUDSON2.pdf.

17 불안의 시대에 문화의 토양 기경하기

1 Reinhold Niebuhr, *Major Works on Religion and Politics*, Kindle ed. (New York: Library of America, 2015), loc. 6358.
2 Reinhold Niebuhr, *The Irony of American History* (1952; repr., Chicago: University of Chicago Press, 2008), 63.

3 Martin Luther King Jr, "I've Been to the Mountaintop" (1968년 4월 3일 Tennessee주 Memphis, Mason Temple에서 행한 연설); American Rhetoric, www.americanrhetoric.com/speeches/mlkivebeentothemountaintop.htm에서 들을 수 있다.

4 W. H. Vanstone, *Love's Endeavour, Love's Expense: The Response of Being to the Love of God* (London: Darton, Longman and Todd, 1977), 34.

토론 가이드

1 Andy Crouch, *Strong and Weak: Embracing a Life of Love, Risk and True Flourishing* (Downers Grove, IL: InterVarsity Press, 2016)을 보라.

옮긴이 **백지윤**은 이화여대 의류직물학과를 졸업하고, 서울대 미술대학원에서 미술이론을, 캐나다 리젠트 칼리지에서 기독교 문화학을 공부했다. 현재 캐나다 밴쿠버에 살면서, 다차원적이고 통합적인 하나님 나라 이해, 종말론적 긴장, 창조와 재창조, 인간의 의미 그리고 이 모든 주제에 대해 문화와 예술이 갖는 관계 등에 관심을 가지고 번역 일을 하고 있다. 옮긴 책으로 『땅에서 부르는 하늘의 노래, 시편』 『이것이 복음이다』 『오늘이라는 예배』 『일과 성령』(이상 IVP) 등 다수가 있다.

컬처 케어

초판 발행_ 2020년 2월 25일

지은이_ 마코토 후지무라
옮긴이_ 백지윤
펴낸이_ 신현기

펴낸곳_ 한국기독학생회출판부
등록번호_ 제313-2001-198호(1978.6.1)
주소_ 04031 서울 마포구 동교로 156-10
대표 전화_ (02)337-2257 팩스_ (02)337-2258
영업 전화_ (02)338-2282 팩스_ 080-915-1515
홈페이지_ http://www.ivp.co.kr 이메일_ ivp@ivp.co.kr
ISBN 978-89-328-1747-7

ⓒ 한국기독학생회출판부 2020

책값은 뒤표지에 있습니다.
무단 전재와 복제를 금합니다.